百姓心理丛书

曾丽华 著

青春期心理问题的诊治

暨南大学出版社
JINAN UNIVERSITY PRESS

中国 · 广州

图书在版编目（CIP）数据

青春期心理问题的诊治/曾丽华著. —广州：暨南大学出版社，2018. 12
（百姓心理丛书）
ISBN 978 - 7 - 5668 - 1345 - 9

I. ①青⋯ II. ①曾⋯ III. ①青春期—心理卫生—健康教育 IV. ①G479

中国版本图书馆 CIP 数据核字（2018）第 282398 号

青春期心理问题的诊治
QINGCHUNQI XINLI WENTI DE ZHENZHI
著　者：曾丽华
⋯⋯⋯⋯⋯⋯⋯⋯⋯⋯⋯⋯⋯⋯⋯⋯⋯⋯⋯⋯⋯⋯⋯⋯⋯⋯⋯⋯⋯⋯⋯⋯

出 版 人：徐义雄
策划编辑：苏彩桃
责任编辑：康　蕊　陈俞潼
责任校对：高　婷
责任印制：汤慧君　周一丹

出版发行：暨南大学出版社（510630）
电　　话：总编室（8620）85221601
　　　　　营销部（8620）85225284　85228291　85228292（邮购）
传　　真：（8620）85221583（办公室）　85223774（营销部）
网　　址：http：//www.jnupress.com
排　　版：广州良弓广告有限公司
印　　刷：湛江日报社印刷厂
开　　本：787mm×960mm　1/16
印　　张：13
字　　数：206 千
版　　次：2018 年 12 月第 1 版
印　　次：2018 年 12 月第 1 次
定　　价：45.00 元

（暨大版图书如有印装质量问题，请与出版社总编室联系调换）

序： 学校应成为青春健康教育的主战场

我国的青春健康教育，从 20 世纪 70 年代末开始，经历倡导、摸索、试点和推广几个阶段的发展，逐步成熟起来。新时期，伴随着青少年身心成长的需要，也对我国的青春健康教育提出了新的挑战和要求。

《青春期心理问题的诊治》一书通过 32 个不同的案例，从不同的角度向我们揭示了青春期学生存在的心理困惑和烦恼，列举了学生成长过程中存在的逆反心理、完美主义、恋爱烦恼、性的困惑、自我保护缺失等方面的心理问题。因此，采取何种方式对学生开展青春健康教育，谁又该对青春健康教育负责，社会、学校和家庭哪一方应该成为青春健康教育主战场，这一系列问题成为本书所要探讨的重点。

根据国内外相关研究成果，学校应成为青春健康教育的主战场。随着社会经济的发展和人民生活水平的提高，中国青少年性成熟期提前，但结婚年龄推迟，从而造成婚前性待业期延长。加之我国人口流动性的增强、各种传播媒介的冲击等因素，导致传统道德说教的作用显著削弱。越来越多的人认可婚前性行为，初次性行为低龄化，因而意外妊娠、性病与艾滋病病毒感染呈现上升趋势。青少年对性与生殖健康知识和服务的需求如果不能从正规的渠道得到满足，就会受到不科学、不健康的信息误导。

因此，在学校开展青春健康教育，在课堂上自然地讲授青春期的生理知识，并动员家长加入对孩子进行教育的队伍中来，让学生掌握有关的知识和技能，促进他们身心的健康成长，这是家庭、学校和社会的共同责任。

2013 年，我校成为广东省计划生育协会开展"生育关怀——青春健康"项目省级示范点。通过同伴教育模式，在学生中开展青春健康生活技能培训。截至 2016 年，我们对全校学生进行培训，开展各类培训和讲座 400 多场次，接受培训的学生人数达 100%。通过开展青春健康生活技能培训，既增长了学生有关性和生殖健康的知识，也教会了学生如何进行自我保护，顺利度过青春期。学校开展青春健康教育后，学生因为怀孕、流产、失恋抑郁等进行心理咨询的案例大幅度减少。

《青春期心理问题的诊治》一书，基于作者多年心理咨询的实践，对典型案例进行了全面的分析，总结和归纳出比较有效的解决方案，并对青春健康教育进行了反思。这本书既可以作为心理咨询师、教育工作者、家长了解青春期孩子心理的辅助读物，也可以作为辅导员、班主任开展青春健康教育的教材，还可以作为青春期学生自我心理调适的科普读物。

教育的最终目标是提升人们的生存能力和生活品质。青春健康教育应该成为人生技能训练的一个部分。如果学校主动承担这一教育责任，对所有适龄学生进行专业培训，保证每一个学生接受系统、正确的科学知识教育，将有利于青春期学生的身心健康成长，帮助他们解决青春期的烦恼和心理困惑，平稳顺利地度过这一时期。

广东省工业高级技工学校校长　张廷彩

2018 年 10 月 10 日

自序： 我为什么要写这本书

　　青春期是一个多事之秋。青春期孩子反抗权威，反对家长和老师，他们的行为也常令人担忧。如果无法通过正常渠道获得健康的青春期知识，他们就只能依靠自己摸索，解决青春期的烦恼和困惑，而这种盲目的自我探索，可能给他们带来无法挽回的伤害。

　　中央一台《今日说法》"要命的小手术"说的是一个叫彬彬的大二学生于 2016 年 9 月 2 日告诉家长他在长春九龙泌尿外科医院做了一个包皮环切手术。当晚彬彬感觉不舒服，再次找到其主治医生，却被告知是一般的感冒。9 月 12 日，九龙泌尿外科医院建议他去其他大医院诊治。此后他被吉林省人民医院诊断为严重肺炎并住院，9 月 15 日彬彬因多脏器功能衰竭，停止呼吸、死亡。

　　此后，家人在彬彬的遗物中发现，彬彬在医生的建议下做了包皮环切手术和阴茎延长手术。彬彬过世后，家人找到他的主治医生，问为什么要给孩子做手术。医生解释是彬彬出于自卑，自己要求做手术。

　　司法鉴定中心给出结论，彬彬死亡的主要原因是做了两个手术，长春九龙泌尿外科医院存在过错，过错参与度为完全责任。

　　一个身高 1.85 米，体重 100 公斤的阳光小伙子，因为手术被夺去生命。我们在惋惜和痛心的同时，也在质问，为什么彬彬要做这样一个手术？采访时彬彬的父亲说，不理解彬彬为什么不告诉他，母亲也说不好意思多问孩子为什么要做这个手术。

　　一个高中男生和父母一起到我的咨询室。他说，从小学五年级他就开始自慰，有时一天达 10 多次。在网上查询过相关信息后，他认为过早、过频自慰会影响将来的生育，所以克制自己，而他父亲是一个知名的医生，却从没和他谈过自慰的事。

我从 2003 年开始从事心理咨询。除了在学校开展各类心理咨询和讲座外，还长期在广东省妇女维权与信息服务站（韶关站）、韶关市青少年宫等单位从事心理咨询志愿者的工作，大量接触前来咨询的未成年女性，特别是 14 岁以下的女童。在 15 年的心理咨询工作中，接触了来自全国各地的上千宗心理咨询个案。

有些学生的心理咨询是由学校领导安排，有些是经辅导员推荐，有些是经人转介，有些则是主动求助。这些来自全国各地的青春期心理咨询个案，触动我的心灵，带给我深深的震撼。我在思考，如何让青春期孩子受到正规、科学、系统的教育，让他们不再承受伤害？我们的社会、学校和家长又该为他们做些什么？

2013 年，广东省工业高级技工学校成为广东省计划生育协会开展"生育关怀——青春健康"项目省级示范点。我作为这个项目的负责老师，成立了青春健康同伴教育社团，培训学生担任主持人，通过他们在全校开展青春健康教育。

2015 年，我作为主持人，成功申报了"粤北地区技工院校学生性心理健康教育现状及对策"省级研究课题。一直关注性教育的问题，这也与我自身的经历有关。我希望通过开展教育，让更多的青少年不要重复我曾经的痛苦和不幸。

在我国，无论是学校还是家庭，一直以来都缺乏对青春期孩子开展生殖健康教育，以致他们有困惑只能自我摸索。因此，开展青春健康教育，促使社会、学校、家庭共同关注青春期孩子存在的心理困惑，对促进孩子们的身心健康成长十分必要，而这也是家庭、学校和社会的共同责任。

很多人猜想心理咨询师每天接收那么多伤心的故事，就如垃圾桶接收很多垃圾，是否因此感到痛苦？我的感悟是：第一，从求助者的故事中，懂得了人生不易，总会经历很多意外，因而我们要感谢生活如此美好，要好好珍惜；第二，从求助者的故事中寻找人生规律，什么样的家庭培养出什么样的孩子，从而掌握家庭教育、学校教育、社会教育对人的身心健康成长的影响，懂得良好的亲子关系是家庭教育的保障。

本书 32 个案例，均是我精心挑选的。为了做到对求助者信息的保密，我对其中的个人信息均做了处理，个案经过求助者同意后写在书中，求助者用的都是化名。希望读者不要对号入座，如有雷同，纯属巧合。

这里也特别说明，虽然本书是我们学校课题研究的一项成果，但书中的个案是从所有的咨询案例中精选的，求助者来自全国各地，因此，请勿误认为是我所在学校学生的案例。

完成此书时，要特别感谢在我 15 年心理咨询的工作中，所有求助者给予的充分信任。正是他们的信任，才使我获得真实的情感故事。求助者前来咨询常常是因为存在心理困惑和烦恼，而自己又无法缓解这些不良情绪，所以咨询的都是让人不开心的疑难问题。分享这些案例，是希望更多的心理工作者、教育者、家长、老师、青春期孩子从中了解青春期可能存在哪些烦恼、遭遇哪些困惑，可以用哪些方式解决。同时，我也希望通过对这些个案的处理，能够帮助更多有类似经历的人，促使他们从本书中学习并掌握消除心理困惑的方法，从而开启新的生活，重获美好人生。

2018 年 10 月 9 日

目录

下编 性的心理烦恼及其诊治

绪论

一、青春期的定义

青春期一般指 10～20 岁这段生长发育期。通常初中阶段称为少年期，高中阶段称为青年初期，少年期和青年初期又合称为青春期。青春期是一个生理和心理都急剧发展和变化的时期，又是个体理想、人格、价值观、能力等走向成熟和稳定的关键时期，是迈向成年的预备期。青春期是人生中一个特殊的时期。有人将这一时期称为"危险期""急风暴雨期""心理断乳期"。在美国，人们称青春期孩子为"teen-ager"，即十几岁的青少年，多数家长感到这个阶段的孩子最难教育。一方面，青春期孩子特别逆反，另一方面，在美国，家长不能大声教训孩子，也不能以打骂等方式惩罚孩子，否则孩子可以报警，因此青春期是一个家长为之烦恼的时期，但这一时期对于人生的发展至关重要。孩子只有了解青春期的特点，学会采取合适的心理调适方法，才能帮助自己顺利度过青春期。

二、青春期生理和心理的变化

女孩初潮一般在 12 岁左右，男孩首次遗精在 14 岁左右，个体之间存在差异。很多人以为青春期的到来主要在初、高中阶段，实际上由于营养好，个别女孩青春发育期会在小学五六年级。青春期我们的身高、体重和体型都发生了很大的变化，内脏机能也发育较快，主要包括大脑、神经系统、心脏及肺脏的发育。青春期孩子在生理产生变化的同时，心理也发生急剧的变化，尤其女孩月经来潮前易产生各种消极反应，因此掌握青春期的心理健康知识，减少青春期的困惑，才能安全度过青春期。青春期孩子的心理特征大致有以下几点。

1. 感觉孤独

在婴幼儿及小学阶段，孩子很希望和家长或伙伴、同学在一起。但到了青春期，他们常常更喜欢单独在房间里打发时间，不愿被他人打扰，他们会突然不想参加家庭的活动。这种情况经常发生在十二三岁。随着青春期的自我觉醒，他们总是怀着"谁也不理解我"的孤独感，并期待着理解自己的人出现。

2. 反对权威

青春期孩子和家长之间发生冲突最厉害的时期是 13 岁左右。初中阶段是孩子产生逆反心理的高峰期，而且和母亲发生冲突的机会比和父亲发生冲突的机会多，因为母亲和孩子接触多。如果家长这时不掌握与孩子沟通的技巧，过多地干涉和责备孩子，极易造成他们的逆反心理，认为家长不理解他们，会产生家长低估他们和他们高估自己的矛盾，孩子甚至可能因为反对权威产生不良行为。

青春期孩子反对权威的另一个表现就是对老师或社会产生不满，以对抗或逆反的形式呈现。因此，学校老师也需要懂得青春期孩子的心理，不能因缺乏了解而与孩子发生冲突，甚至造成孩子自杀等恶性事件的发生。青春期孩子也需要学会管理自己的情绪，要有责任感，不要做出伤害自己的事，如离家出走或自杀。

3. 追求独立自主，自尊心强

青春期代表着独立自主的发展倾向，所以又称"自我觉醒之时期"。由于孩子倾向独立地发展，他们不愿像以前那样服从家长，并有意识地与家长对抗，即通常所说的逆反心理，希望家长将他们当大人看待。他们出现了强烈的自我表现心理和反抗心理，有的甚至看不起家长和老师；他们摆脱了小学生对家长的依赖感，希望同家长平等地交流情感。由于青春期孩子的个人思想还未成熟，所以他们无法顾及别人的想法。

4. 渴望友谊，模仿心理强

青春期孩子有强烈的交友需要，好交友、重感情，不允许成人对他们的朋友关系过分干涉。如果家长不了解这点而批评他们的朋友，他们会为了维护朋友和家长争吵。在他们心中，朋友比家长、老师重要。当他们苦恼时，大多数首先和朋友谈而不愿同家长、老师谈。由于在思想和人格上尚不成熟，他们很容易出现友谊至上的行为。朋友之间只讲义气，有的甚至为维护友谊而丧失原则。

我们应该看到，建立亲密的伙伴关系，有利于他们的成长，有助于提高他们的自我评价能力和增强自尊心，帮助他们理解别人，对他们的人格发展有好处，可以缓解青春期的压力。换句话说，伙伴群体中的友谊对青春期孩子的心理发育、社交能力培养及学习进步都有积极作用。但也存在一些不良的青少年团伙，使青少年脱离正常的同学关系和家庭关系，成为危害社会的犯罪分子。

因此，我希望青春期孩子能做一个正确选择。人生就是一个不断选择和做决定的过程，对于青春期孩子来说，"近朱者赤，近墨者黑"，他们结交的朋友对他们影响很大，所以需要慎重选择交往的朋友。

5. 情绪变化大，易冲动

青春期孩子的情绪有着激烈、动摇、不稳定等特点，时而这样，时而那样，表现出幻想性、冲动性及盲目性。他们的情绪反应来得快，平息得也快，以致他们难以驾驭自己。由于他们的心理还不成熟，需要通过训练和学习，掌握并提升自我控制情绪的能力，这一点特别重要，一个没有自我管理能力和控制情绪能力的人，就会被情绪所左右，甚至做出后悔终生的事。

6. 渴望与异性交往和得到异性的认同、欣赏

青春期孩子对异性充满好奇，促使他们开始倾向同异性交往。少男少女交往的普遍心态，就是希望得到喜欢的人的接纳、欣赏，从而增强自信心与自尊心。他们开始关心自己的容貌打扮，渴望在喜欢的人面前表现自己，以引起对方的注意，产生了与喜欢的人交往的强烈愿望。而十七八岁的男女开始产生爱慕之情，希望体验爱情，这是十分自然的，特别是那些远离家长、在外读书的学生，倍感孤独、寂寞。有些学生受影视和网络、媒体的影响，以及青春期荷尔蒙激素的急剧增加，他们很容易陷入热恋之中。

而一旦在与异性交往的过程中遇到挫折和打击，他们往往会感到极大的痛苦。这就需要青少年了解与人交往的知识和技巧，善于处理恋爱过程中遇到的挫折和矛盾，掌握处理情感纠纷的能力，为顺利度过青春期做准备。

三、关注青春期的心理健康成长

学校和家长应了解青春期孩子的心理，有针对性地对其进行青春健康教育，指导他们顺利度过青春期，有效预防青春期常见的心理问题，促进青春期孩子身心健康成长。学校和家长应注意在以下几方面对孩子进行帮助和指导。

1. 克服自卑心理，增强自信心

多年来的传统观念，总是把学生智力的发展看成是最重要的，把学业的好坏当成是评价学生的唯一标准。实际上新的人才观已不再如此。我们应该善于发现和培养学生多方面的才能，让每个学生都能发现自身优势，找到自己的闪光点，对未来的生活充满自信。

2. 学会进行正确的人际交往

在孩子的各项能力中，与人相处的能力同日后生活质量的关系最大。人际关系对孩子性格发展非常重要。青春期孩子容易建立亲密的人际关系，学校要对他们人际关系的建立进行指导；训练他们社交的技巧，尤其是要学会宽容和原谅朋友，不要求全责备，要明白"人无完人，金无足赤"的道理；教导他们参与群体活动要适度等。人们常说"物以类聚，人以群分"，好朋友是人生道路上的良师益友，所以老师要鼓励学生交一些对自己有帮助的朋友，不要和那些有不良行为的人交往。选择朋友十分重要，而学会和朋友相处则更重要。

3. 促进自我意识发展

青春期孩子，特别是女生，很关心自己的体形和外貌，非常注意外表的修饰打扮。有些人对自己评价较低、较自卑，不能接纳自己。通过对学生发展自我意识的心理指导，使他们能正确认识自我、评价自我，帮助他们认可自我、悦纳自我，学会调节自我、控制自我、发展自我，并进行自我教育，促进个性健全发展。要教育他们充分接纳自己的体貌，不要与其他人相比。独特就是美！学会发现个人身体的独特之处，并能为此自豪。

4. 增强意志

意志是人在认识和改变现实的过程中，自觉地确定自己的目标，有意识地根据目标、动机调节和支配行动，努力克服困难，达到目标的心理过程。大量事实证明，意志品质比智力更重要，光有高的智力水平不一定能取得成功，而对所从事的工作充满信心，表现出不屈不挠的坚强意志和顽强毅力才是取得成功的关键。因此，要加强对青春期孩子意志的磨炼，培养他们良好的意志品质。

5. 提升情绪管理能力

情绪是心理生活的一个重要方面，良好的情绪品质是个性完善的重要内容，在个性发展中起着重要作用。而情绪不良、情绪失控是心理不健康的表现。

青少年的情绪带有冲动性和两极性，难于稳定、持久，而且他们不善于用理智来控制自己。因此，家长和老师要教育他们意识到控制情绪的必要性，找到调节、表达情绪的适当方式。

6. 增强耐挫折能力，珍爱生命

在成长过程中，人们总会遇到这样或那样的困难，如青春期孩子无法面对失恋、父母离异、亲人突然逝去等挫折。这些挫折常常使他们感到压抑和自卑，甚至不能正确面对。因此，老师和家长要教育他们学会面对挫折、热爱生活，因为只有经历风雨的磨炼和打击才能真正成长、成才。

有些青春期孩子的心理承受能力较差，无法正确面对生活中出现的意外或打击，既不尊重他人的生命，也不珍惜自己的生命。有的孩子因感情受到挫折，产生自杀或杀人等行为；有的孩子没有安全意识，不懂自我保护等。所以，我们要教育孩子热爱生活，珍惜生命；学会对自己的行为负责，承担后果，也要对别人负责，关爱他人的生命。学校要教给学生自我保护的知识，揭露一些骗子花招，以确保学生人身安全。女生要注意和男性保持适当的距离，学会自我保护。

7. 主动进行心理咨询，促进身心健康成长

心理咨询是专业人员运用心理学原理和技术来帮助求助者的过程。心理咨询的主要对象是那些在生活、学习和工作中遇到困难与挫折而产生心理困扰的正常人群。心理障碍患者只是心理咨询中的一小部分求助者，而处于发病期的精神病患者并不属于心理咨询的范畴。心理咨询过程中遇到心理困扰严重的病人，需要及时转诊到精神科处理。

青春期孩子如果遭遇失恋、家长意外离去等挫折，应尽早主动求治，因为精神疾病在早期往往可以治愈。就如癌症的早期防治一样，精神疾病也是越早治疗越好，而不要等到精神疾病的晚期。

因此，当孩子无法调节烦恼、消除困惑时，应主动寻求专业的心理咨询和治疗，说明自己的心理困扰，而且告知求助对象自我调节无效。承认自己有心理困扰需要勇气，承认自己需要别人帮助也同样需要勇气。

心理咨询是现代人的一种精神按摩方式。接受心理咨询表明人们在勇敢地面对自己，主动解决问题，有效地利用社会资源促进个人的健康发展，这是一种明智之举。接受心理咨询是重视精神生活质量的表现，是现代人应具备的素质。

上编

常见的心理问题及其诊治

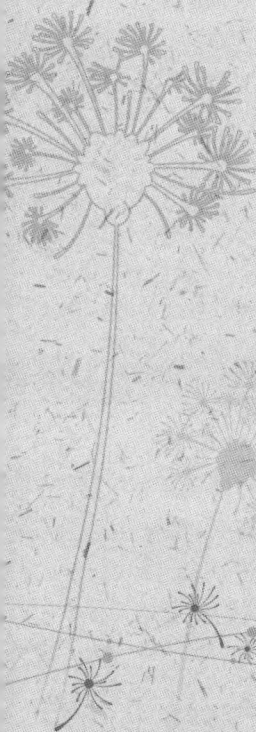

青春期孩子特别逆反，自尊心也特别强。一方面，他们希望摆脱家长和老师的约束，渴望独立；另一方面，他们在经济上又无法独立。这种矛盾导致他们在这一特殊时期容易产生各种心理问题。

青春期常见的心理问题有自卑心理、逆反心理、冲动倾向、学习压力、考试焦虑、完美主义、自责抑郁、成瘾行为、强迫行为、恋爱烦恼、性的困惑等。面对这些心理问题，青春期孩子应当进行自我调整。

青春期孩子需要了解自身的心理特点，学习必要的心理调适方法；遇到心理问题时要善于主动寻求家长、老师的帮助，也可以通过心理咨询师的疏导进行调节。

同时，家长和老师也要主动了解青春期孩子的心理特点。面对他们青春期的变化，懂得适度放手让他们成长，尊重他们合理的要求。如果家长和老师也无法帮助到他们，那么应该尽早转介给心理咨询师，由专业人员对其进行心理疏导。

心理问题重在预防。对于青春期的心理问题，如果能做到及早预防或治疗，就不会导致孩子们患上严重的精神疾病，而严重心理疾病患者就如癌症晚期的患者，其被治愈的希望很小。但如果在发病早期，通过调整患者的生活习惯、工作方式，改变他们不合理的信念或思维模式，对疾病及早干预，那么往往容易治愈。

长期的心理压力、精神烦恼，如果不及时对其进行治疗或干预，就可能演变为严重的精神疾病，即心理疾病的癌症，如精神分裂症、重度抑郁症等。

精神病（psychosis）指严重的心理障碍，患者的认识、情感、意志、动作行为等均出现持久的明显的异常；不能正常地学习、工作、生活；动作行为难以被一般人理解；在病态心理的支配下，可能有自杀或攻击、伤害他人的动作行为。

因此，越早关注心理问题，进行心理疏导，往往治愈的效果越好。同时，普及心理卫生知识，关注精神疾病，也会对预防精神病有积极的作用。特别是学校、家长应关注青春期孩子的心理卫生、心理健康教育，这样才能有效地预防孩子严重心理疾病的发生，减少精神病患者的数量，提高青春期孩子的心理健康水平，促进他们身心健康成长。

1 入学适应障碍

　　汪婷躺在地上，身旁倒着一个农药瓶，里面还有小半瓶的农药。早上五点多，她被晨练的老太太发现。她的胸前带着校徽，于是老人找到汪婷所在的学校。学校立即将昏迷的她送到医院抢救，并将那小半瓶农药带到医院。同时，通知了汪婷的家人，让他们迅速赶到医院。

　　经过医院奋力抢救，汪婷脱离了生命危险。学校在汪婷的宿舍找到了汪婷写下的两页遗书。他们将遗书交给我，希望我到医院给她做心理辅导。此时，汪婷已经清醒。她的家人也赶到医院。

【咨询过程还原】

　　汪婷躺在病床上，一双暗淡的大眼睛，表情麻木。我尝试与她沟通。

　　"你好。我是老师，你愿意和我说说话吗？"我小声地问。

　　汪婷看着我，一声不吭。

　　"能告诉我，发生了什么事吗？"

　　汪婷还是面无表情地看着我，摇摇头。

　　我事先看过汪婷写的遗书。遗书写到自己太胖，水桶腰、胖得像狗熊；长着满脸痤疮，面目可憎。因为长相太丑，所以不敢出去见人，担心别人看到她，会被吓坏了。

　　我问汪婷："你有多高？"她回答："1.62米。"我看到她体重不足50公斤，明显偏瘦。

　　所以我说："那么巧，我和你一样高呢，也是1.62米。我看你体重不到50公斤吧？"她点点头。

我说："我体重60公斤呢，比你胖多了，你好苗条哦。"她难得笑了一下。

汪婷是双眼皮、大眼睛，虽然眼睛暗淡无神，但一看就是一个非常秀气斯文的女孩。我说："你看你多秀气，很斯文的一个女孩子。"可她没有回应我。

虽然我很努力，希望和汪婷多聊聊，但多数情况下，她只是简单地点头和摇头，不太愿意沟通，所以，我没办法了解更多的信息。

此后，我单独和汪婷的哥哥交谈。他告诉我，汪婷在家排行老三，哥哥是老大，姐姐是老二，家里还有一个弟弟，爸妈都是老实巴交的农民。汪婷非常内向，高考后一直不愿意说话。此前，汪婷在家有过四次自杀未遂的经历。每次家人劝说后，她也不吭声，没想到她入学才一个多月，又想不开了。

此后，我向汪婷的班主任了解到，汪婷在班上独来独往。军训期间休息时，其他女同学围着教官叽叽喳喳说个不停，但汪婷一个人蹲在远处。开学已经一个多月，汪婷不和任何人交往。汪婷突然喝农药自杀未遂，其他同学也很惊讶，不知道她发生了什么。

【案例分析】

汪婷自认为长相丑而自卑，同时，她没有朋友，经常一个人，很孤单。因此，她认为像她这样的人，活着一点意义也没有，还不如死了，所以她选择了喝农药自杀。

汪婷在军训期间无法融入班集体，也不和其他同学交往，这和她离开家乡到一个陌生的环境，感到不适应有关。同时，汪婷有自责、自卑、自杀倾向等抑郁症症状。汪婷高考后在家里有过多次自杀未遂的经历，但她的家人对精神疾病不了解，也没有重视，导致她入学后再次发生自杀未遂，这是典型的入学适应障碍，并伴随抑郁症症状。

适应性障碍是指患者遭受日常生活的不良刺激后，由于具有易感个性，加之适应能力差，导致病症发生。其主要表现以出现情绪障碍为主，伴有适应不良的行为或生理功能障碍，从而影响患者的社会适应能力，使其学习、工作、生活及人际交往等受到一定程度的损害。适应性障碍是常见的一种心理障碍，此种心理障碍常见于入伍新兵、入学新生、移民或灾民之中。

适应性障碍的主要表现：①抑郁：对一切不感兴趣，自卑、自责，睡眠困难，食欲减退等。②焦虑：紧张不安、心慌气短、无所适从。③行为障碍：旷课、迟到、早退、逃学、寻求刺激等。④躯体不适：腰酸背痛、肢体麻木、消化不良等。⑤社会性退缩：逃避现实，效率低下，学习能力抑制，生活能力减退，回避社交活动。

汪婷在入学后，从不与人交往，社会性退缩行为显著；军训、学习和住院期间，均不与人沟通，抑郁症症状非常明显，是典型的入学适应障碍。

【案例处理】

由于汪婷不愿意沟通，情绪低落，因此，不能保证她是否会再次产生自杀念头。从她多次自杀未遂的情况分析，她可能患有严重的抑郁症。因此，我和她哥哥沟通，并征求汪婷所在学校的意见，希望家长带汪婷去医院看心理门诊。我也提醒汪婷的家人，不要带她看普通的科室，要看精神科或心理咨询的门诊。在医生没有开具康复证明的情况下，汪婷不适合留在学校继续学习。

汪婷的家人对此表示接受。汪婷也不愿意在学校继续读书，说要回家。因此汪婷病情稳定后，家人为她办理了出院手续和休学手续，此后，汪婷没有再到学校读书。

【咨询效果】

汪婷在住院治疗期间，不太愿意沟通，出现抑郁症症状，心理咨询对她几乎没有效果。所以，我建议她到医院看心理门诊，并结合药物治疗和心理治疗，可能会获得较好的效果。

【反思和建议】

类似这样的个案在新生入学后时有发生。

男生小亮读大学后，学习非常用功，总希望考试成绩好一些。他有一个哥哥，也在同一所大学读书，他认为哥哥非常优秀，所以感到压力很大。每次考试前他都非常焦虑，结果考试经常只得三四十分，为此十分痛苦，经常流露出悲观、失望、自责等抑郁倾向。他多次找我做心理咨询，又担心有人看到他来心理咨询室，会说他有心理疾病。最终，小亮主动退学回家。回家后，小亮找了一份工作，他在工作中有了自信，此后工作、生活比较正常。小亮工作后，尽管也会有一些烦恼，但都能在寻求帮助后进行自我调节。

　　我多次给小亮进行心理咨询。他对自我要求很高，设置了比较高的人生目标，但个人努力后难以达到。同时，他很在乎别人对他的看法，处处顾及他人，过于压抑自己，喜欢取悦他人而忽视自己。他家里兄弟姐妹多，他是最小的孩子，总觉得哥哥姐姐都比他优秀，因而非常自卑。

　　研究证明，适量的刺激对于个体的生存和发展是有益的，但过多、过强的心理压力或刺激可影响人的身心健康。小亮就是过于悲观，自卑导致他一再认为生活受挫，无法面对一些正常的压力。特别在学习方面，他对自己有很高的期望，但通过努力，又无法达到。对于这样的学生，学校一般希望能做通他们的工作，让他们完成学业，但如果学习压力导致他们无法调节自我，也许退学对他们来说是一种解脱。

　　如果有条件，学校心理咨询室可以对入学新生做一些心理测试，筛查有严重心理疾病或自杀倾向的学生，然后针对部分学生进行面谈，确定其是否需要进行心理辅导，或是做出休学治疗的处理。

　　作为班主任或辅导员，在新生入学后，也要特别关注那些性格内向、独来独往的学生。这些学生可能存在抑郁倾向。因此，班主任或辅导员应让班干部或宿舍长关注性格孤僻、脾气暴躁或古怪的同学，及时将名单告诉他们。班主任、辅导员可以将这些学生转介给学校的心理老师。通过与心理老师面谈，对这类学生进行心理疾病的筛查和心理辅导，帮助其解决入学后的烦恼和困惑，以尽快适应学校的新环境。

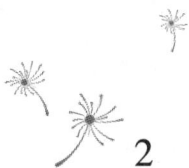

2 入学后的经济压力

晚上九点，某校心理老师打来电话，希望我能为他们学校的学生夏佳进行心理辅导，因为同宿舍的女生说，夏佳已经写好遗书准备自杀。班主任把夏佳带到我的心理咨询室。

【咨询过程还原】

小巧玲珑的夏佳，一脸忧伤。

"听班主任说你已经写好了遗书，是吗？"

夏佳点头。

"你因为什么事要自杀呢？"

夏佳告诉我，她家里很穷。她是老大，家里还有弟弟和妹妹。考上大专后，家长不同意她继续读书，希望她出去打工，可她坚决要读书，因此暑假离家打工挣学费。打工期间，她认识了一个男生，两人恋爱了。后来，该男生告诉她可以帮人刷单赚钱，还说只要帮忙刷单，就可以免费获得一部手机，不过她需要和银行签一个贷款合同，但合同只是走个形式，不是真的。

夏佳相信了，所以没有认真看合同，就办理了相关的手续。她知道刷单是违法的，但为了能挣钱，同意了男朋友的要求，他们也通过这样的方式骗其他年轻人购买手机。她为自己能送给男朋友一部手机作为礼物而感到很开心。

后来，男朋友移情别恋，他们分手了。她也认为他们在一起不合适，所以接受了分手的事实。

开学后，她用暑假挣的钱交了学费，还剩下一些用作生活费。这

— 15 —

时她接到银行打来的催款电话，一问，才知道购买手机的贷款是真的，每个月还 500 元，要还 18 个月，她一听就蒙了。

她本打算开学后，利用课余时间在学校周围打工。到学校后才发现学校挺偏远的，附近没有打工的地方。现在她没什么钱，每个月还要还银行贷款。如果她和家里说，父母肯定骂她，父母本来就反对她继续读书，如果知道她现在的情况，肯定叫她回去打工。她觉得要崩溃了，本来和前男友分手也有些伤心，现在还欠银行钱。她不知道接下来怎么办，真想一死了之。

我问夏佳是否可以报案？夏佳说报案也没有用。首先，他们当时用这样的方法骗其他人购买手机，就知道这是违法的。其次，银行贷款合同是真的，即使报案也要还钱。她也问了银行，他们说当时确实是银行工作人员来办的合同，只是卖手机的一方欺骗了他们。

她现在意识到，她的那个所谓前男友可能参与了这个诈骗活动。她也认识到前男友欺骗和利用了她，但现在恨他也没用，夏佳不知道接下来生活费怎么解决。

【案例分析】

夏佳高中毕业后打暑期工，在前男友的诱骗下，出于年轻人贪财的心理，幻想通过帮他人刷单，能获得免费手机等回报，从而签署了一份贷款合同。夏佳入学后，本来想利用课余时间在学校附近做兼职，结果发现学校的地理位置较偏远，周围很难找到做兼职的地方，因而生活费也没有着落。这时又接到银行催款电话，才知道贷款购买手机的合同是真实有效的，她需要每月还贷 500 元。她为了爱情给前男友买手机，然而手机送给他后，两人却分手了。

多重打击和入学后遇到的经济压力，彻底压垮了夏佳。冲动之下，夏佳写下遗书，幸亏被同学发现后告诉班主任。班主任通过学校心理老师转介给我，对夏佳进行心理干预。

【案例处理】

我首先肯定了夏佳是一个能吃苦的女生，因为她在暑假期间通过打工为自己挣了学费、生活费。我告诉夏佳，每个人在成长过程中总有一些挫折能够让他们从中获得经验教训。

　　我为夏佳做了分析，首先，她明知刷单是一种欺骗手段，还利用同样的手段欺骗他人，所以，她需要为此付出代价。不论回报有多高，只要是违法的事就不能做，比如向老年人推销高价保健品、参与电信诈骗和校园贷等。

　　其次，在这个事件中，前男友欺骗了她，因此，她也要牢记今后要慎重交友，小心受骗上当。我建议她今后多看中央 12 台的法治栏目，对预防受骗上当有帮助。

　　最后，我告诉夏佳她有能力解决问题。目前，他们学校食堂有招兼职，每天工作一小时给十元钱，还免费包三餐。我可以跟他们食堂打招呼，只要她愿意做，可以解决伙食费的问题。她听了，立即同意去食堂工作。

　　第二天，我联系了学校食堂，他们也同意夏佳在那里打工。虽然很辛苦，但夏佳坚持了下来，也更加珍惜得之不易的读书机会，很用心学习。

【咨询效果】

　　夏佳因为家境困难，所以有过多次打工的经历。她一直依靠打工挣钱，是一个非常能吃苦的女孩。虽然这次受骗上当的经历让她跌了一跤，但对她来说也是一件好事，至少懂得不能再做违法的事，也不能再去欺骗他人。所以，这个教训可以让她好好反省。

【反思和建议】

　　现代社会可通过手机微信、QQ 等网络形式广泛交友，不少人因此受骗上当。夏佳的经历，提醒学校和家长，要告诫孩子交友须谨慎，不能做违法的事，不能挣违法的钱。同时，学校也应多开展关于预防受骗上当等方面的知识教育，如警惕传销组织、各种网络和电信诈骗等。教育学生不做违法的事，善于识别违法的行为，不要误入违法机构或从事违法犯罪行为。

　　现代社会，有些年轻人太过功利，只知道赚钱，不懂得遵纪守法。所以，在教育中，要强调人人做守法的公民，不要幻想一夜暴富，不能挣那些昧良心的钱，更不能做违法乱纪的事。

　　夏佳家庭经济困难，家长不愿意她继续读书，因此，当她遭遇欺骗，又不知如何偿还贷款时，她唯一想到的是自杀。她不敢向家庭求助，也不懂得向学校或老师求助。但如果她能主动开口，一定会有解决问题的办法。

所以，学校或家长要告诉青春期孩子，办法总比问题多。遇到无法解决的问题时，要主动求助，而不是草率地结束生命。

在这个案例中，虽是新生入学，同学间不太熟悉，但正是同宿舍女生及时发现了夏佳写的遗书，并将此事告诉班主任，班主任又通过学校心理老师，将夏佳转介给我，从而有效阻止了一次危机事件，挽救了一条生命。如果舍友和班主任没有及时发现这件事，或许夏佳冲动之下，会做出自杀的行为，那么就可能酿成悲剧。

之后，我主动帮助安排她去学校食堂帮忙。由于能力有限，学生有时要善于借助外力，这也是生存法则之一。所以，心理咨询师要告诉求助者，遇到无法解决的问题时，可以主动寻求他人的帮助。通过借力，让自己从困境中走出来，这也是解决问题的一个方法。

【延伸阅读】

心理咨询原则的变通

心理咨询最主要的原则有保密原则、主动求助原则、价值中立原则以及不包办代替原则等。心理咨询师既不能替求助者做决定，也不能为他们解决问题。但对于学校、监狱等机构，因为求助者是学生或被教育、改造的犯人等，这些原则可以适当变通。

3 逆反心理

    叶天不厌其烦地一次又一次求助，我只好答应再次去看看她的女儿静静。静静六年级时，我去过她家一次，叶天说我是她的朋友，当我提出和静静交流时，静静摔门而出。此后，叶天多次向我求助，我说如果静静不愿意和我沟通，我也没有办法，我希望叶天找其他人咨询。但叶天说，她找了很多人都没用，还是希望我去她家与静静谈谈。

    抱着尝试的态度，我再次去了她家。我到了后，家人把静静叫了过来。然后，我让其他亲人离开。瘫痪在床的奶奶也和我们在同一间房。

【咨询过程还原】

    我开始与这个读初一的女孩沟通。

    女孩很有礼貌地打断我："阿姨，我没同意听您说话吧。"我苦笑了一下说："是你妈妈天天找我，我只好过来了。"然后，我拉着她的手继续聊。

    过了一会儿，静静说："阿姨，您能不能不要拉我的手?"我尴尬地笑了："不好意思。"我松手后继续和她谈。静静白净，眼睛大而无神。我问她："你比我上次看到时又长高了很多。这么白净斯文，有没有男孩喜欢你? 谈恋爱了吗?"她笑了，说："没想这个问题。不过班上有同学恋爱。"

    我说："你应该是个很乖的孩子，肯定不会在学校闹事。"然后我开始夸她："你这次比上次好多了，愿意和我说话。"

    她开始回应我的各种问题，不像刚来时那样排斥我。她谈话时，瘫痪在床的奶奶不时插话，我们听不清奶奶在说什么。她告诉我自己对父母没什么感情，但对奶奶有感情，因为是奶奶把她带大的，她经常来爸爸这里，就是为了看奶奶。

每当奶奶说话时，她就笑着对奶奶说："您不要说了，我们都不知道您说什么。"但奶奶还继续插话，她听到奶奶说话就又笑了。静静很乖，看得出来，她与奶奶之间感情很深。

我问她将来怎么办？她说没想过。问她是否要用心读书？她说家里几个堂姐都是读完高中就外出打工了，干吗她要考大学呢？她也不知道今后干什么，反正什么也不想。我告诉她我是技校老师，如果她不想读高中，初中毕业后找我好了。她说："我说过不读高中吗？"

我很高兴静静愿意开口和我谈话。她说晚上睡不好是因为熄灯后还和同宿舍的同学一起打牌打到深夜两三点。即使不打牌，她的生物钟也已经颠倒了，她也尝试过白天不睡觉，但坚持了三天就坚持不住了。所以，每天前三节课她都在睡觉，第四节课才清醒。

我问她宿舍其他几个同学怎样。她说宿舍只有两个同学准时睡觉，其他人都和她一样。她让我不要告诉她的父母，否则父母会告诉学校老师，她不能出卖同学。

谈起父母，她说父母感情不好，为离婚闹得很僵。她和同学关系好，经常去一个女同学家，因为女同学的父母晚上12点才回来。即使她们不打游戏，她也很开心。她说她玩游戏的水平很高，我说找一个高手和她比比，她说不用了，肯定玩不过她。

【案例分析】

逆反心理多是指青春期孩子为了维护自尊，对家长、老师等权威的要求采取相反的态度和言行的一种心理状态。这种与家长、老师背道而驰，以反常心理状态来显示自己长大了、有自己的主见，常常是逆反心理的表现。逆反心理是青少年成长过程中常会出现的一种心理状态，是该年龄段一个突出的心理特点。

因为青少年正处青春期，其独立意识和自我意识日益增强，迫切希望摆脱成人的监护。他们反对成人把自己当"小孩"，而以成人自居。为了表现自己的独立，他们对任何事物都倾向于批判的态度。

逆反心理不一定是不健康的心理，但如果过度逆反也不对。如果不及时对逆反心理加以矫正，会影响青少年的身心健康，甚至影响他们人生观的形成，以致青少年对人、对事敏感、多疑、偏执、冷漠、不合群等，使之学习被动、意志衰退、信念动摇。逆反心理的进一步发展，还可能向病态心理或犯罪心理转化。因此，对于青春期孩子来说，并不是对家长和老师一味地逆反才能证明自己长大。如果家长或老师的意见是正确的，也需要听取他们合理的建议。

很多孩子小时候很听话。当进入青春期后，他们开始反抗，这时家长还用过去的强势态度对待孩子，那么自然就达不到教育效果。很多家长面对青春期孩子，不懂得尊重他们，还希望孩子像小时候一样听话和乖巧，继续控制和管教孩子。他们不了解孩子青春期的变化，从而导致亲子关系非常紧张。

【案例处理】

我首先给静静分析了逆反心理的利弊。通过和静静交谈后，我感到父亲对她关心太少，而母亲又管得太多，且两人因为工作和感情等问题，对她的管教方法也不恰当。尤其是母亲离婚后，失去了丈夫对她的爱，把生活的重心都放在静静身上，特别关注她的缺点，难以发现她的优点。静静对我说，她没问题，需要吃药的是母亲。

和静静交谈后，我又和静静的母亲进行了交流，希望母亲多关注静静的优点，改变教育孩子的方式，学会尊重孩子。我说静静很孝顺，对奶奶很有感情，母亲立即反驳我，说女儿骗人，奶奶瘫痪在床，她不愿意给奶奶喂饭等，开始数落静静，以证明她说的都是对的。

后来，她叫静静的大伯开车送我回去。在回去的路上，大伯说："静静读初一后变化很大，很有礼貌，也懂事了，会主动给奶奶倒水，给奶奶喂饭。"静静的母亲也坐在车上，一句话也没说。

青春期孩子，有时无法自控，会做出一些反常的事。这时家长要调整自己，因为青春期孩子的心理年龄和生理年龄有很大差异。他们认为自己长大了，但实际上还比较幼稚，家长应做出适当改变，学会尊重孩子，逐步放手，让孩子成长。

孩子处于青春期时，家长要学会忍耐，学会欣赏和尊重孩子，不要因为孩子逆反，自己也做出无法理喻的事。静静的大伯告诉我，有一次周一静静要上学，因为她不听话，母亲将她的书包、校服等都锁起来，让她不能去学校，静静只好借同学的校服去上学。

静静的母亲认为女儿有很多心理问题，不断和我联系，希望我给静静进行心理咨询。但几次咨询后，我发现需要咨询的并不是静静，而是她的母亲。

【咨询效果】

因为静静母亲有产后抑郁症，丈夫提出离婚。离婚后，母亲把全部的精力放在静静身上。小学时，静静很听话。读初中后，因为同宿舍的同学多数不爱读书，所以静静受到影响，学习也不用功，成绩下降明显，这让母亲非常焦虑，还想用小学时的教育方法对待静静，可青春期的静静已经不愿意听母亲唠叨。

此外，母亲离婚后独自带着静静生活，她看不到静静的优点，只关注静静的缺点，对她总是批评、指责，导致静静不愿意和她生活在一起。因此，我告诉静静的母亲，希望她多了解青春期孩子的心理特点，并适当做出调整，因为静静的问题是青春期成长的正常反应，她要学会理解和尊重。

【反思和建议】

青春期孩子比较逆反，一般不太愿意进行心理咨询，尤其上网成瘾的孩子，普遍咨询效果不好。

小学生一般会服从家长的安排。年龄再大一些，到了高中，孩子能明白一些事理，也愿意和家长沟通。可十二三岁的孩子，常常不愿意和家长交流。但很多家长不适应孩子青春期的变化，还希望他们像小孩一样听话，尤其是离异的单身父亲或母亲，如果离婚后没有自己的交际圈，每天盯着孩子，那么孩子就会非常痛苦。这时，家长要明白孩子的逆反多数是暂时的。这个时间段，孩子因为激素的变化，自控力较差。因此，需要家长做出改变，多发现孩子的优点。亲子关系越好，教育效果才好。

我读书时曾经是一个很听话而且学业优秀的孩子，但进入青春期后，一次父亲单位的经理来我家。父亲为了向经理显摆我大姐寄来的电视机和录音机（那个年代很少家庭有），让我打开电视机给经理看。

因为父亲不会用这些电器，我故意说电视机坏了，开不了，让父亲很难堪。父亲又很高兴地说经理的儿子和我一个班。我说："老师说他的名字取得很好，叫祝四九。他考试成绩经常是49分。"说得那个经理很尴尬。

一次母亲和她同事在家里说话。无论母亲说什么，我都说母亲说得不对，故意顶撞她。最后母亲很生气，打了我一巴掌。当晚我跑到河边准备跳河，却发现冬天那个河塘已经干涸了，一点水也没有。自杀不成，我躲了起来。第二天是农历的小年，母亲哭着喊我的名字，到处找我。我就是躲着不出来，最后看母亲可怜我才出来。

孩子成长过程中有两个反抗期。三四岁幼儿阶段处于第一反抗期，初中（由于发展的不平衡，也有可能提前到小学高年级或推迟到高中低年级发生）处于第二反抗期。在反抗期到来之前，孩子对家长的依赖与家长对孩子的管束之间保持着平衡。而在反抗期由于新的能力和自我意识的发展，孩子对独立性的要求加强，自我主张日益增长，他们将矛盾集中在自主和依赖、反控制和控制之间的斗争上。

第一反抗期的独立自主要求主要在于争取自我主张和活动、行为动作的自主性与自由权；第二反抗期的独立自主要求更全面，从外部因素深入到内在因素，从行为表现到人格的独立。青春期反抗的主要表现为：

（1）社会地位欲求不满：由于"成人感"的形成，青春期孩子自以为已经成人，要求具有和成年人相当的社会地位和决策权，反对从属地位和权威式的干涉。

（2）观念上的"碰撞"：青春期孩子开始对自然世界、社会生活、人际交往等问题进行思考，并且形成自己的看法。这个时期是价值观的形成阶段，由于他们的发展水平的局限，其观念具有幼稚性，表现出主观化、片面化和绝对化。他们不理解家长的想法，反对家长强加给他们的观念。

（3）不能自控的情绪波动：由于生理和心理迅速发展所造成的不适应和不平衡，青春期孩子将面临很多矛盾和困惑，容易出现突发式的情绪失控，尤其在家长面前情绪更易发作。虽然平静后也会后悔，但又常复发。青春期孩子在面对成功或失败时，会呈现大喜大悲。这些情绪上的波动，他们难以自觉控制。

（4）青春期烦躁：随着第二性特征和性功能的发展，青春期孩子对异性产生好奇和想要接近的欲望。由于环境和舆论的限制，这种朦胧的好奇心和欲望不得不被压抑，这就使得青春期孩子往往处于莫名的烦躁和不安之中。

（5）反抗的主要指向——家长：反抗的中心主题是对家长的依赖和来自家长的控制，因此与家长发生冲突的概率多于其他人。

形成第二反抗期的原因：

（1）生理方面：由于身体加速成长，生理迅速成熟，使青春期孩子产生"成人感"——自以为已经成熟。然而，由于发展的不平衡，他们在知识、经验、能力方面并未成熟，只处于半成熟状态，这就造成想象中的"成人感"和半成人现状之间的矛盾。这种矛盾是形成反抗的主要原因。

（2）心理方面：由于自我意识的飞跃发展，使青春期孩子进入"心理断乳期"。他们在心理上要摆脱对家长的依赖，以独立人格出现，但在经济和生活等方面，他们又必须依赖家长。由于发展的不协调，他们的心理能力明显滞后于自我意识，从而呈现难于应付的"危机感"。

（3）社会因素方面：进入青春期后，孩子的生活和学习环境都会发生很大的变化，这势必激励他们产生"长大成人"的责任感。同时，他们这时非常重视自己在同龄人群和朋友中的地位，渴望得到别人的认同和尊重。为此，他们要力争拥有独立自主的人格。当自主性被忽视或受到阻碍、个性伸展受阻时，就会引起他们的反抗。

反抗期是青春期孩子心理发展的必经阶段。家长对这一阶段要有客观认识和了解，要能正确理解和对待，并帮助青春期孩子顺利度过这一人生中特殊的转折期。

1. 家长需要适当放手

反抗期中的矛盾焦点在于：孩子对自己的发展认识超前，认为自己已经具有成人意识，但其实不具备成熟的心理条件；家长对孩子发展的认识滞后，他们只注重孩子半成熟的一面，忽视了子女的成人意识的萌生。因此，家长要转变观念，要学会尊重和理解孩子，学会适当放手，让孩子自己成长，不要牢牢地管制孩子，替孩子做一切决定。

2. 家长需要改变教育观

家长在孩子青春期到来之前，习惯以教育者的身份进行交流。孩子对家长也是崇拜的，认同和尊重家长，很少反对他们。随着青春期的临近，孩子逐渐形成自己的观念，对家长的教育思想产生了怀疑或是反对。一些家长不能理解孩子自我发展的成长特性，不适应孩子发展的现状和需求，依然想要用自认为正确的思想或观点教育孩子，往往效果不佳。因此家长要适应孩子的成长，改变教育观念和态度，并且要信任孩子，给他们成长的机会，让他们总结经验教训，面对失败，和孩子一起互相影响、互相作用、互相促进。

3. 家长需要正视亲子关系的变化

青春期孩子通过反抗走向独立自主。到了青春期，孩子有自己的主见和主张，对家长不会盲目依从。这时，家长不能再把孩子作为受自己支配的对象。家长要学会适当放手和放权，要正视亲子关系的变化。

在反抗期亲子关系如果处理得好，可以使孩子对家庭产生深厚的感情和应有的责任感，促使他们形成积极的独立态度，较为平稳地度过"心理断乳期"，并能顺利地进入成人社会。如果处理得不好，会使矛盾激化，刺激孩子的反抗情绪增强，以致影响孩子的学习兴趣、社会交往，使他们长期处于压抑和孤独而难以自拔，并且对家庭观念的形成也会造成不利影响，甚至会留下一生的遗憾。家长也会因此失去孩子对自己的尊重和爱戴，导致失去应有的教育权。

当面对孩子突然的反抗、挑战自己的权威时，许多家长会用极端或恶劣的方式对待孩子，这就进一步造成孩子的反抗和叛逆，致使孩子用离家出走、自杀或其他极端的方式来发泄不满，造成悲剧发生。

4. 以友相待，尊重孩子的自主权

面对青春期孩子，家长和他们相处时，要和他们建立朋友式的关系，尊重他们应有的自主权和一定的隐私权；遇事多与他们商量，倾听他们的意见，并通过积极的引导，转化他们不成熟的和片面的认识。这时家长对孩子的尊重、理解、民主态度，会让孩子感受到家长的信任，会更有利于他们的成长。

5. 引导孩子认识过度逆反的不良影响

家长要和孩子多沟通和交流，引导他们正确认识逆反心理的不良影响，让孩子明白不是只有反抗才能证明自己长大了。要培养孩子的责任感，包括家庭、集体、社会责任感，培养他们的独立意识。如果逆反心理过重，不善于自我调节，会给孩子带来心理压力，重者引起心理障碍。如果孩子因逆反心理产生一些反社会行为，会对自己和他人造成伤害。逆反心理容易造成情感失控，与长辈、老师感情疏远、关系僵化，甚至形成对立。如果孩子不接受正确的教育和劝导，不仅影响他们成长，还可能造成不可挽回的过错。

　　同时，面对孩子偶尔异常的行为表现，家长也不要过于生气，相信孩子具有自我调整能力，不要一味地说教、批评、指责；要主动问问孩子为什么，在了解事实的情况下再做决定；不要轻易惩罚孩子或用恶语伤害孩子。这个时期，家长对孩子的尊重比任何东西都重要！

　　因此，家长和老师都有必要了解青春期孩子逆反心理产生的具体原因，科学、有效地引导他们在产生逆反心理时适当自我控制，学会调节，从而健康成长，塑造健全的人格。

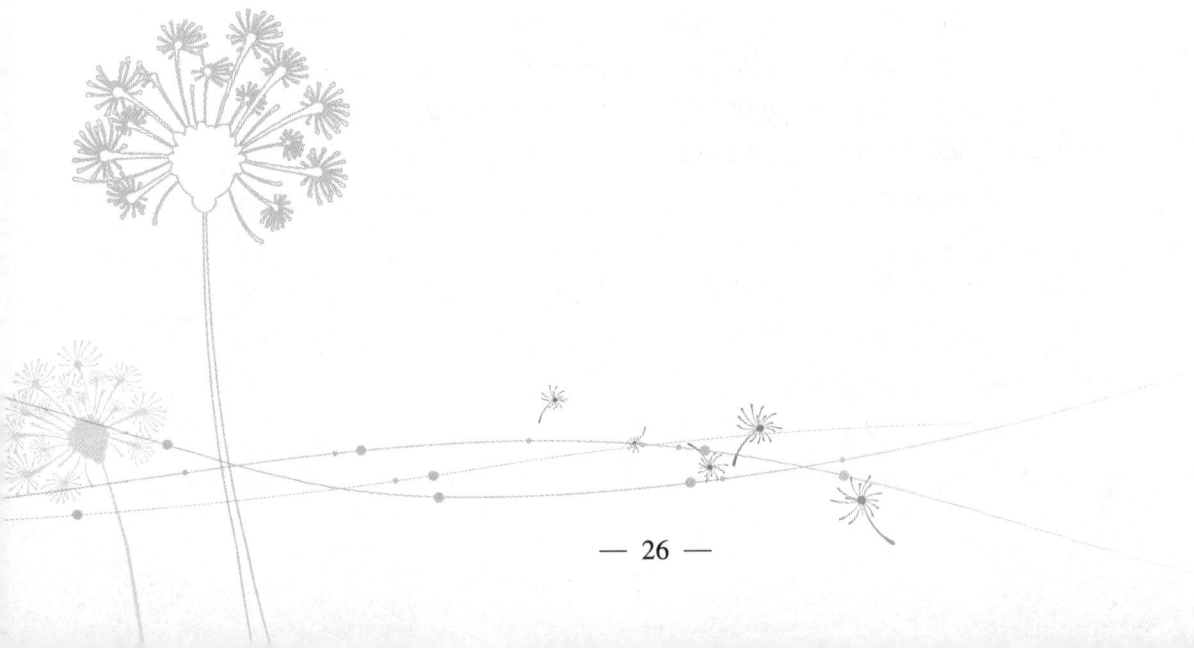

4 缄默症

李俊是被他的亲人带到我的咨询室的。由于从小父母离异，他一直和爷爷、奶奶生活。爷爷、奶奶认为父母离异给孙子带来太多伤害，因而格外疼他，什么都不让他做。衣来伸手、饭来张口的生活方式，让李俊用不着说话就能获得他想要的一切，可父母离异的阴影一直笼罩着他。因为个子矮小、长相普通，李俊非常自卑，不敢与人交流，几乎不和人说话。

【咨询过程还原】

因为胆小怕事，他多次遭遇同学敲诈和欺辱。一次，李俊再度被敲诈，恰巧被母亲遇到。敲诈他的男生是他的邻居，也是来自父母离异的家庭，于是李俊的母亲来到学校，严厉训斥该男生，母亲泼辣的行为、激烈的言辞不仅震慑了这个男生，也使得班上其他同学不敢和李俊来往，这又加剧了李俊的自闭。直到初中毕业回到母亲身边，李俊已经几乎不说话，在家除了点头就是摇头，母亲彻底绝望了。

我单独和李俊交流时，他用极其微弱的声音开口说话，而且，几乎是我一再要求，他才开口讲话的。他习惯用点头和摇头表达意见，其他的都不说。

【案例分析】

李俊的症状可诊断为选择性缄默症。作为特种症状的缄默，指言语器官无器质性病变，智力发育也无障碍而表现为沉默不语。选择性缄默症多发生在敏感、胆怯、孤僻的儿童身上，平时家长或长辈对其过分溺爱、保护，因初次离开家庭、环境变动而起病，部分病例可能与遗传因素有关。癔症、情感性精神障碍、精神分裂症患者亦可出现缄默症症状。

父母离异后，李俊最初随爷爷、奶奶生活。父亲在外打工，极少回家，李俊的母亲与他人同居，和李俊也很少接触。李俊初中毕业后，母亲离开了前男友，把李俊接到身边，但她和李俊的感情不深。

和爷爷、奶奶生活时，他们非常溺爱李俊。李俊从不讲话，爷爷、奶奶也没在意，因为李俊的父亲就是一个沉默寡言的男人。但和母亲生活在一起后，母亲对此非常介意，总责备李俊不爱说话。

由于胆小、内向，李俊成为同学取笑和欺辱的对象。这让泼辣、好胜的母亲非常生气，所以当她亲眼见到儿子被邻居的孩子敲诈时，母亲决定好好教训一下那个孩子。于是，母亲到学校要求老师严肃处理，还当着那个男生的家人狠狠教训了他一顿。母亲自认为今后没人敢欺负李俊，但没想到从此同学更加孤立李俊，这让李俊越发孤独、自卑。

【案例处理】

1. 对李俊及其母亲进行心理咨询

我分别和李俊及其母亲单独交流，了解到造成李俊不说话的原因，并和李俊的母亲探讨她在教育孩子方面需要改变的问题。

我告诉李俊的母亲一个案例。女生小乐总是沉默不语，但外公、外婆认为小乐很可怜，因为她的父母离婚了，因而对她格外呵护。一次，小乐一夜未归后，外公十分担心。第二天早上小乐回家不想吃东西，但外公把家里所有的食物都端了出来，一盘盘端着问小乐要吃吗，直到小乐开始吃早餐。看到整个过程，我明白小乐为什么不需要讲话，因为老人把所有吃的一次次端到她面前，总有一样是她愿意吃的。可见，饭来张口式的过度溺爱是造成孩子不必开口说话的原因之一。

李俊由于长期内向、自闭，养成了喜欢阅读的好习惯。大量的阅读，让他很有思想和主见。发现了李俊这一优点后，我们经常表扬和鼓励他。

2. 多方面鼓励李俊，增强其自信心

李俊是我校学生，在了解了李俊特殊的成长经历后，班主任和其他老师都对李俊给予了特别的关心。班主任在班上尽量多表扬他，李俊要当班干部，班主任就让他做了副班长；李俊要进学生会，就让他进了生活部……而这也就促使他和其他人多交流。每次见到李俊，我总刻意多和他讲话，并要求他大声说话；打羽毛球时，我也特意叫住他，和他一起打球。他也感到很骄傲，因为学校老师都非常关心他。一年多的时间，李俊变得自信和开朗起来，愿意和同学交往。

　　3. 鼓励李俊参加演讲比赛

　　李俊的转变，来自我校举行的"我的青春我的梦想"演讲比赛。学校组织演讲比赛，班主任和学生科的领导多次鼓励李俊报名参加比赛，因为李俊喜欢阅读，写作能力也比较强。特别是班主任为此付出了很多心血。预赛时李俊的成绩并不理想，但为了给他机会，学校让李俊进入了决赛。

　　进入决赛的有 12 名选手，最后一名选手是李俊。预赛我没担任评委，所以我很好奇李俊在决赛时的表现。当李俊即将出场时，担任主持人的李俊的班主任隆重向大家介绍："下面将要出场的是一个让我们非常惊讶的学生。他来自单亲家庭，从小因为父母离异，感到自卑和伤心，他逃避学校的活动，不与人交往。自卑、自闭、内向的性格，让他经常成为其他同学打击和敲诈勒索的对象，也因此，他几乎不开口说话，可今天，他勇敢地来到了这个舞台，来实现他的人生梦想。下面我们隆重请出本次比赛最后一名选手，一个让我们充满了期待和好奇的李俊同学。大家的掌声在哪里？"

　　台下的观众都很好奇，一个在大家眼里有些怪异的人，一个说话声音比蚊子还要小的人，他能演讲吗？"家长在我很小的时候就离婚了，……于是我变得很孤僻，……今天我站在这里，踏出了我梦想的第一步！……"洪亮、抑扬顿挫的声音回荡在比赛的操场上。所有的人都惊呆了，这还是那个不说话、胆怯的小男生吗？会场下没有一个人讲话，大家都静静地听着李俊的演讲。

　　轮到我点评了。我说，参加了 20 多年学校组织的演讲比赛，作为评委，我一直用挑剔的眼光找出每个选手的不足，但今天，我体会到的是感动和惊讶。首先，我感动于 12 名选手完美的表现，感谢他们给我们上了激动人心的一课，我把前 11 名选手的表现逐个点评了一下，然后，激动地说："现在，我特别想说的是，今天让我最惊讶也最感动的，是最后一位参赛选手——李俊。我们把掌声再次送给李俊好吗？"大家的掌声再次响起。"从李俊来学校的第一天，我就认识了他。即使我不断地鼓励他，希望他大声说话，但他说话的声音就像蚊子一样小。但今天，大家告诉我，他的声音还小吗？""不小！"同学们回答。

"是的，李俊用他洪亮的声音，告诉了我们他的梦想——丢掉自卑、停止逃避，成为一个自信的人！他做到了吗？""做到了！"同学们回答。

"是的，李俊！今天在这个舞台上，他迈开了人生的第一步，他终于开口大声演讲，他在用实际行动实现他的梦想。我们再次给他掌声好吗？"台下掌声雷鸣。

"感谢李俊用他自身特殊的经历，给我们上了令人震撼的一课。如果他都能大胆地登上舞台，实现自己的梦想，那么，台下的同学们，你们有什么梦想？你们又会用怎样的行动去实现自己的梦想？"

我的点评结束了。我再次让李俊感受到大家的鼓励和掌声……比赛结果出来了，李俊获得了演讲比赛的第二名，并同时获得最受欢迎奖。

和选手合影结束后，我听见有人喊我："曾老师……"是李俊的母亲，她特意从老家赶来听李俊的演讲。李俊母亲的眼里流出了激动的泪水，她紧紧握着我的手，这是她第一次听儿子演讲，也是第一次听到儿子大声说话……

比赛结束了，但所有的同学和老师都继续在讨论一件事——今天太令人惊讶了，李俊竟然能演讲，还讲得那么好，那么有激情……这个一直不愿意开口说话的学生勇敢地登上了演讲的舞台，还获得了最受欢迎奖。在李俊成长的过程中，这也将是他最骄傲、最快乐的记忆！我相信，这个经历也许将改变李俊的人生……

【咨询效果】

因为父母离异的原因，导致李俊胆小自卑。母亲因为他被其他男生敲诈到学校大闹，导致其他同学更加疏远他。但心理咨询结束后，我让班主任等多关心他，并鼓励他参加演讲比赛。而我在演讲比赛后的点评环节中特别表扬了他，这让他非常自信。

一个从不说话的男孩，有勇气站在舞台上参加演讲比赛，而且声音洪亮，可以说，心理咨询的效果非常好。因此，对于一些有特殊成长经历的学生，如果学校的班主任、其他老师、心理咨询师等给予他们更多的关爱，那么，这些学生是可以身心健康地成长的。

【反思和建议】

李俊在成长过程中，几乎没有体验成功的机会，也没有人关注他的成长。但在我们学校，由于爱的教育，让李俊自信心不断提升。因此，如果学校能给予经历特殊的学生更多的关爱，那么像大学生马加爵杀人、黎力抢劫银行等事件也许不会发生。所以，学校在面对那些因家庭经济困难、长相不佳、父母离异而被歧视的学生时，给予他们更多的鼓励，那么他们也会走向幸福。

李俊毕业前特地来到我的咨询室，和我探讨他未来的发展。他说毕业后，母亲想让他到部队锻炼，但他自己想去学厨艺。他说，他长相和家境都一般，如果能有好的厨艺，也可以成为他安身立命的根本，因为现代很多独生子女都不会做饭。我对此也很认可。然而，毕业后，李俊还是当兵了。因为他很听母亲的话，而且他能忍受孤独。所以，他经常一个人站岗站很长时间，多次受到部队表彰。

家长对缄默症应该有正确的认识。从医院对患缄默症的孩子的调查情况看，这些孩子从小生活在蜜罐中，受到亲人的宠爱，心理承受能力相当差。因此，家长应该从小培养孩子的心理承受能力，不要认为孩子遇到一些挫折就受不了，过分宠爱孩子。缄默症的患者主要以青少年为主，儿童期的缄默症只要治疗及时，一般几个月后就可以恢复正常的语言及社交能力。

如果发现孩子得了缄默症，家长可以尝试用一些方法进行矫正。

首先，要尽量营造一个宽松自在的家庭环境，家长应该戒急戒躁，不能打骂、责备孩子，逼迫孩子说话，更不能挖苦孩子。

其次，对处在语言发育期的孩子要尽量避免各种精神上的刺激，培养孩子广泛的兴趣和开朗豁达的性格。适当改善其生活和学习环境，鼓励他们积极参加各种集体活动。

此外，对患儿的缄默症不要过分注意，避免强迫其讲话造成情绪上的进一步紧张，甚至产生反抗心理。可采取转移法，如家长陪孩子游戏、外出游玩，分散其紧张情绪。在情绪松弛的基础上，让孩子主动说话，孩子张口讲话就给予其奖励和鼓励。

附：李俊的演讲稿

当青春遇见梦想

大家好！我是1201班的李俊，今天我演讲的题目是"当青春遇见梦想"。

当马丁·路德·金遇见梦想，引爆的是美国的种族平等的运动；当周恩来遇见梦想，喊出的是为中华崛起而读书的豪言壮语；当中国十三亿人遇见梦想，形成的是中华民族伟大复兴的道路。梦想的力量总是难以估计的，梦想的作用总是难以预料的。那青春的我们遇到梦想后会怎么样呢？也许我可以告诉你。

以我为例，我出生在一个单亲家庭，家长在我很小的时候就离婚了，我被爷爷、奶奶带大，那时的我多么渴望有一个完整的家，多么渴望家长的疼爱，可是，我什么都没有。于是我变得很孤僻，胆小内向，不爱说话。看见老师也不好意思叫一声"老师好"。也因为这样，初中的时候常常被同学嘲笑、欺负，甚至勒索，我也只是敢怒不敢言。在我的青春没有遇见梦想之前，这就是我的生活状态。

天知道我多想改变，但我甚至连改变的勇气都没有。偶然一次机会，我看到温家宝总理说"书籍本身不能改变世界，但是读书可以改变人生，人可以改变世界"，我不求改变世界，但我想改变自己，所以我喜欢上书。来到技校之后，我看到了曾丽华老师写的书《打开你的心结——技校学生心灵成长导航》，里面有好多同学成功的例子，我受到很大的鼓励。在我的青春里，第一次遇见了我的梦想——我想成为一个自信的人！我希望我的青春是幸福快乐的，是朝气蓬勃的。我想改变，而不只是想想而已。看到我们班的曾晓杰同学刚入校时连普通话都说不准，而且胆小内向，去年却勇敢地参加了演讲比赛，今年更是进步很多，再次站在演讲台上，说得如此清晰流利，这是他努力练习的结果，是他勇敢改变自己的结果。我决定要向他学习，像他一样勇敢表达自己，做一个自信的人，一个敢大声说话的人。

我的青春将在这里产生一个质的变化，因为我与我的梦想狠狠地撞了一下，我遇见了真实的自己。天生我才必有用，我很真诚，我很强壮，相信我会找到自己的位置。我要丢掉胆小，丢掉不说话，丢掉心里阴影，成为一个自信的人！一个会爱自己、爱别人的人！今天我站在这里，踏出了我梦想的第一步！

当青春遇见梦想，会是一场翻天覆地的改变；当我遇见你，我想，会是一阵惊天动地的掌声。我是李俊，请用掌声告诉我，你和我一样，期待一场青春与梦想的相遇！谢谢！

5　完美主义

　　王航两次约我，因为太忙，第二次我才答应他晚上九点做咨询。咨询过程中，这个 1.8 米的帅气的男生一直流泪。这是我做咨询以来，见到流泪最多的男生。

【咨询过程还原】

　　王航告诉我，因为军训表现较好，他被教官选为国旗手。他非常开心，所以认真投入训练。没想到，昨天他训练时因为步调和其他人不一致，被教官狠狠批评。他觉得这点小事都做不好，于是对自己十分失望，感到非常伤心。

　　他告诉我，高中时期他的学习成绩一直非常好。但高考前，他非常紧张和焦虑，没想到高考第一天他高烧 40 度。拖着病弱的身体，他勉强坚持参加完考试，但最终发挥失常，没考上理想的大学。

　　带着遗憾来到这所普通大学，他希望能重新振作起来，以全新的面貌开始大学生活，给同学和老师留下好的印象，可没想到他连一个简单的步伐也走不好，他觉得很失败，教官一定对他很失望。也许教官会换一个新的国旗手，可他那么热爱国旗，成为国旗手是他的梦想。

　　王航还讲述了他读书和生活中的一些情况，他从小懂事听话，家人对他期望很高。学校老师都很喜欢他，人缘也好。他学习非常用功，成绩也一直名列前茅。可每到关键的考试时，他都会非常紧张，担心考得不好，晚上睡不着，有时会在考试前生病，有时在考场总想上厕所。这常常导致他在重要的考试中发挥失常。

【案例分析】

王航因为追求完美而经常处于焦虑状态，他设置了一个过高的人生目标，又过于在乎他人的看法，导致他无法安心做好眼前的事。

完美型人格特征是对别人要求严格，对自己要求也严格。他们多数性格内向，善于思考，生活严谨，举止得体、礼貌，非常在乎他人的看法，自尊心强，但内心自卑，追求完美。他们的生活非常有规律，不易改变，生活和行事都缺乏弹性。

具有完美型人格特征的人，他们往往有理想抱负，不甘平庸，严于律己，认真做事，工作上能够取得一定成就。因此，在工作上，具有这种个性的人应该得到肯定、赞许。

然而，在生活中这种具有"完美"性格的人，往往活得很苦、很累。他们常常有不满足、不如意的感觉，对自己严格苛求，犯了一点小错误都懊悔不已。他们对事物很挑剔，常常看不惯一些社会现象，经常发牢骚、生闷气，处于一种忧郁寡欢、难以振作的状态中。由于追求完美、求全责备，他们对家人朋友要求严格，常起争端，制造紧张气氛。

【案例处理】

1. 对王航进行心理辅导

通过分析，我认为王航是一个具有完美型人格特征的人。因此，我主要以认知疗法对其进行心理辅导。我告诉他，他有完美主义倾向，内心不是十分自信，比较在乎他人的看法。但人不可能十全十美。因此，要学会肯定自己，少与他人攀比，要认识到世界上不存在完美的人和事。我告诉他作为国旗手，步调与他人有一点差异，其他人也难以觉察，即使出错，多数人也可以理解。如播音员进行播报时，偶尔会读错，只要下次注意就好了，要学会宽容和原谅自己，因为没有不犯错的人。

另外，我和王航一起讨论完美主义对人造成的不良影响，告诉他完美主义是一种不成熟的心态。一个人越成熟，越能接纳自己和他人的不完美，所以，尝试接纳自己的不完美，是一个人走向成熟的标志。因此，希望他逐步改变凡事追求完美的心态。

2. 和王航的教官沟通，给予王航更多的鼓励

考虑到王航的完美主义不是一时能改变的，我找到他的教官，告诉他，王航非常渴望成为国旗手，自尊心比较强、爱面子，希望教官批评王航时不要过于严厉，特别是在公开场合要顾及一下他的感受。同时，希望教官单独和他沟通，多鼓励他。教官应我的要求，找王航单独交流。此后，王航放松很多。在开学典礼升旗仪式上，王航担任国旗手，表现不错。

3. 让王航参加青春健康同伴教育社团

为了提升王航面对公开场合的承受力，我让他加入我指导的学生社团担任主持人，并在学校举办的讲座中，让王航以他的成长经历，在学生中做"我不再追求完美"的公开讲座。在讲座中，王航讲述了他在军训期间，因为追求完美导致心情抑郁，并主动进行心理咨询的经历。还提到他在生产实习时，因为要把工件加工得完美，用了很长时间却无法按时完成产品，导致考试不及格。通过这些经历，促使他反思完美主义对他造成的不良影响，继而改变自己。

因为在社团工作认真、表现突出，王航被推荐为班长和学生会干部。此后，他逐步调整自我，认识到完美主义给他生活带来的负面影响，从而学会顺其自然。

【咨询效果】

王航入学后，听了我的"新生入学适应心理调适"讲座，主动进行心理咨询，此后加入了我指导的青春健康同伴教育社团，担任主持人，并竞选进入学生会。在学校"心理健康活动月"活动中，他参加了"我不再追求完美"的主题讲座，反思追求完美给他的学习和生活带来的消极影响，开始逐步改变自己、调整自己。

王航的改变令我十分欣慰。他被评为学校的校园之星，并参加广东省技工院校"校园之星"的夏令营。在校期间，王航每天早晚坚持跑步，意志力很强。因为能主动反省，意识到追求完美影响了学习和生活，王航想要改变的愿望更加强烈，所以，改变的效果也很明显。

王航大学毕业后重返学校。他告诉我，经过心理咨询后，他成长了很多，也很感谢我给予他的关心和支持。

【反思和建议】

马加爵杀人事件发生后，我国各高校开始关注心理健康。虽然心理疾病预防大于治疗，有心理问题，早发现早治疗，效果会很好，但有些人对主动进行心理咨询依然有些顾忌，甚至不愿意承认自己有心理问题，担心被他人歧视。

我从 2003 年开始从事学校心理咨询工作，最初学校并没有开设心理健康课。我利用讲座等方式普及心理健康教育。学生听了讲座后，意识到人人都可能有心理问题，就如感冒发烧一样正常。每次讲座后，很多学生能主动进行心理咨询，经常和心理咨询师沟通。

很多严重的心理疾病，如精神分裂症等，如果在早期能及时治疗，就不会到最后发展成严重的精神疾病。开设心理健康教育课程或开展心理健康知识讲座，是普及心理健康知识的最好途径，能让更多学生懂得遇到无法解决的困惑时，要主动寻求心理咨询师的帮助，利用社会资源促进自我的成长。

一些学生因为失恋或高考失败，或抑郁或自杀，严重的会发展为精神分裂症患者。如果在最初的一般心理问题阶段，及时进行心理咨询，就可以发生命运的改变。因此，建议有条件的学校，尽早开设心理健康教育课程或开展心理健康知识讲座，提升学生心理健康水平，使学生掌握心理调适的方法，促进身心健康成长！

【延伸阅读】

凡事不必追求完美

我过去不敢写书，因为我认为我学的是机械专业，不是中文专业，必须再修中文专业才能从事写作。后来，我看了刘墉写的文章，他说人生很短，我们的时间有限，想做的事很多，如果我们只读书不写书，也很可惜。

我原来觉得自己文字功底不好，文笔不优美，词句也有不少问题。虽然我有很多人生感悟，尤其在孩子教育、女性婚姻、心理健康等方面有写作的冲动和欲望，但因为害怕写作能力不够，所以我不敢写！

现在，我终于明白，我们读书，是注重书籍能否给我们有用的知识。书的主要作用是提供有用的知识，教给我们正确的理念，丰富我们的思想。

当我们从书中接触到一些新的知识、新的理念，尤其是正确的思想和观点后，就可能改变我们对人生的看法，进而影响我们生活的态度和心情！

我是教师、心理咨询师、高级婚姻家庭指导师，负责心理咨询工作。我有1个亲生孩子，也曾有4个正处于青春期的孩子在我身边长大。在教育方面，我有很多个人的心得体会，并利用这些知识帮助过很多人。由于经历过婚姻的困惑和烦恼，我参加了国际婚姻家庭指导师学习，对婚姻问题、女性问题、亲子教育问题都有自己的见解。如果把自己的想法写出来，和别人分享，也许能帮助和我一样有过烦恼的人。

虽然我的文字不一定优美，但至少能给人们一定的启示和帮助。当我有一天离开这个世界时，我也能为这个世界留下一点东西。如果我追求完美，一定要等到自己文字功底无可挑剔时才写，那么只能把我想写的一切带进坟墓！那将成为自己终身的遗憾！

我在单位参与编写ISO9000的程序文件，也多次从事学校晋级的文字处理工作。我总希望所写的程序文件和其他文稿完美无缺，但我们必须在规定的时间完成所有的文字编辑工作，没有足够的时间让我们做到无可挑剔。我很认真地工作，及时上报所有材料。根据要求，我们只要达到规定的分数标准就可以通过认证。每次认证，评审专家总会挑出不少问题，扣掉一些分。当初，我总觉得承担这项工作的负责人不能细致地考虑问题，准备的资料有不少漏洞，但最终我们还是顺利通过了评估和认证。后来，我意识到那个负责人是对的，如果他当时按照我的思维，每件事都过于追求完美，那么这项工作可能无法完成。

如果凡事过于追求完美，我们将无法完成预定的任务。至今为止我已经出版了5本专著，也拥有一定的读者群体。因此，凡事只要尽量做好就行，我们要有勇气承认自己的不足！

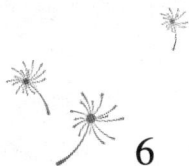

6　做家务停不下来

　　李敏在父亲的陪同下来咨询。21岁的她光彩照人，1.65米的身高，明亮的眼睛，那是我平时难以见到的美女。我对审美的要求很高，所以能让我眼前一亮的人不多，李敏是其中一个。李敏即将大学毕业，咨询的心情十分迫切，因为患有强迫症，她对未来的工作十分担忧。

【咨询过程还原】

　　李敏有一个姐姐和两个哥哥，他们生活很正常。姐姐工作了，一个哥哥读研究生，另一个哥哥已经结婚。小时候，李敏认为她长着一双对眼，虽然不明显，可她非常在意。所以她几乎不与人交往，孤僻自卑，独处的好处是让李敏有很多时间读书和跳舞，但眼睛的毛病让她无法融入集体生活。

　　一次李敏因考试成绩不好，父亲责骂了她，无意中说道："你学习成绩这么差，连眼睛都长得那么丑，还是'对眼'。"她说那是她最伤心的一次，当时她连死的心都有了，她说外人说她"对眼"无所谓，可最亲的人也这样说她，她难过了很长一段时间。她有个执着的念头，渴望有一天能有奇迹出现。

　　高考结束时，父亲的一个医生朋友来访。那个医生说可以治愈她眼睛的毛病，只是手术时不能流泪，如果不打麻醉药更好。

　　即使有万分之一的希望，她也要去尝试，她选择做手术。医生反复强调，手术时不能流泪，不打麻醉药效果更好。她选择不打麻醉药，并且手术时拼命睁大双眼，一滴眼泪也没流。

　　她的坚强让所有医生感动，她的付出有了回报。手术后的她脱胎换骨。考上一流大学后，她更是完全变了一个人。多年独自练舞的她到了大学便初显才华，她是学校知名的主持人和独舞演员。她学习成绩也一直很好，上课时她不再害羞、不再沉默，勇于回答问题。舞台上，她成了万众瞩目的明星；辩论赛里，她是伶牙俐齿的一辩。她享受那份被关注的眼神，那是大学之前的她从没经历过的。

但这时，她发现自己过于追求完美，什么事要做就要做得最好。在大学，她是舞蹈队的队长、篮球宝贝明星、合唱队的主唱、学生会文艺部部长。她认真地对待每一场演出，无论是跳舞的一个动作还是唱歌的一个声调，一遍又一遍地练习，她力求做到完美无缺。

随后，每当李敏回到家，无论做什么家务，都担心没有做好，她一遍又一遍地洗碗，一遍又一遍地扫地，根本停不下来，直到母亲制止她，现在家人都不敢让她做家务了。但如果不做，她就很难受，总认为没有做好。

李敏在大学期间没有谈恋爱，虽然有男同学追求她，但她没看上。在大学她多次遭遇女生的真情告白，她告诉我，她不是同性恋，但很多同性喜欢她，这让她很惊讶。

李敏口才很好，眼神闪亮。即使是素面，也无法遮掩她的美丽。李敏说，她了解强迫症这一病症，因为她看过很多心理学方面的书籍，强迫症行为耗费她太多时间。

【案例分析】

强迫症即强迫性神经症，患者总被一种强迫思维或强迫行为所困扰，在生活中反复出现强迫观念及强迫行为。患者自知力完好，知道这样没有必要，甚至很痛苦，却无法摆脱。

症状：

（1）常对病菌和各种疾病敏感，并产生毫无必要的担心。

（2）经常反复洗手而且洗手的时间很长，超过正常所需要的时间。

（3）有时会毫无原因地重复相同的话语好几次。

（4）觉得自己穿衣、清洗、吃饭、走路都要遵循特殊的顺序。

（5）没事就数数，只要能数东西就数。生活中，有些人反复想同一个问题，或者重复做同一件事。当这些想法和行为影响到一个人的正常生活时，他就可能罹患强迫症。

强迫症患者常为那些持续的、重复的想法或行为感到烦恼，并产生毫无根据的、过分的、不必要的焦虑或恐惧。他们对自己的行为不断产生怀疑，经常需要询问别人，获得他人的证实。因此，强迫症的特征是：患者明知这些强迫想法和行为没有必要，但不管怎样都要去完成。

强迫症的病因复杂、尚无定论，目前主要认为与心理、社会、个性、遗传等多方面的因素有关。通常强迫症与患者精神长期高度紧张有关。大量研究表明，强迫症与遗传因素、个性特点、不良事件、应激因素等均有关系，尤其与患者的个性特点紧密相关，具有过分追求完美、犹豫不决、谨小慎微、固执等个性特征者容易患强迫症。此外，和家庭的教育也有关系，如家长对患者要求过高、求全责备、追求完美。

许多研究表明患者在首次发病时遭受过一些负面生活事件，如人际关系紧张、婚恋遇到考验、学习工作受挫等。强迫症患者个性过于追求完美，对自己和他人高标准、严要求，有一部分患者病前即有强迫型人格，在处理负面生活事件时缺乏弹性，表现得难以适应。患者内心所经历的矛盾、焦虑最后只能通过强迫性的症状表达出来。

近年来大量研究发现强迫症的发病可能存在一定遗传倾向，在神经、内分泌方面也存在功能紊乱，造成诸如 5－羟色胺、多巴胺等神经递质失衡，无法正常发挥其生理功能。

李敏非常聪明，看过心理学方面的书籍后，知道自己得的是强迫症，这种病症浪费了她大量的时间和精力，让她非常痛苦。所以，她渴望通过心理咨询改变自己。

【案例处理】

我给李敏首先介绍了森田疗法，即做任何事情都顺其自然，为所当为，做完就不再想、不再评价。我还建议她可尝试减少洗碗的时间和次数，看这样做是否会让她痛苦，每天记录一下。即使很难受，做任何事也要坚持一次比一次用的时间少，看看这样会有什么不同。不要过度追求完美，因为即使她洗碗时间很长，也不能保证碗非常干净。

其次是宣泄疗法。对家人和好朋友说出自己曾经承受的心理创伤和紧张恐惧的心理问题，把内心的痛苦发泄出来。另外，转移注意力。

尽可能地把时间安排紧凑，使自己没有时间去实施如反复洗碗等强迫行为。还可以选择运动锻炼和户外活动来充实生活，减轻强迫心理的干扰。

我和李敏探讨了强迫症的个案。

案例一 帅气的男大学生吴刚，他不能看到白色和绿色。只要看到这两种颜色，他的思绪就无法停止，痛苦不堪，他会联想很多，从而不能安心做事。可教室是白色，道路两边到处是绿色的树木和草地。所以，他不敢去教室，也不能走在大路上。这导致他每天生活得非常痛苦，他不知该怎么办。

案例二 男生雷明在小学时比较正常，初三中考前，他学习压力很大，非常紧张。一天早上，他在卫生间外面的洗漱间漱口时，同宿舍一个男生从卫生间出来，抬起脚直接在水龙头下面冲洗拖鞋，冲拖鞋的水刚好溅到雷明的嘴角。当时还没什么，但此后雷明想到男同学也许刚大便完出来，拖鞋上可能沾着大便，溅到他嘴角的水可能很脏、很恶心。从那时起，雷明总感到嘴角溅到的水很脏，洗不干净。所以，他每次刷牙都要刷很长时间，这让他非常焦虑。

那时正逢中考，雷明也因此没考好。此后，他经常焦虑。不再敢外出，觉得外面非常脏，回到宿舍后觉得衣服也很脏，那些细菌洗不掉。雷明的同学偶尔坐在他的床上，他就觉得床单很脏，上面都是细菌，所以只要有人坐过他的床，他就要把床单洗干净。

读大学住校，宿舍可以洗澡，但因为雷明洗澡时间很长，一般要两三个小时，所以他不敢在宿舍洗澡。于是，他用桶装着热水到公共卫生间洗澡。寒冷的冬天，因为洗澡时间太长，水都变冷了。虽然他在广东读书，但冬天，我看到他的手上、身上有很多冻疮，多处红肿开裂了。

结合以上两个案例，我问李敏有什么想法。李敏说非常理解他们，也懂得他们很痛苦，可想要改变很不容易。我告诉李敏，每个人都有特殊的气质，因此需要接纳自我。我建议她逐渐减少做家务的次数和时间，看看这样会有什么不同。

我告诉李敏，要学会带着症状生活。当症状来了，要以一种坦然接受的方式与它共存，即积极做事，不排斥、不抵抗、不与它战斗，而是和它友好共处。这样，那些症状虽然存在，但不会给她带来过度的焦虑和恐惧，不会过度影响她的生活，过多浪费她的时间、精力。

我告诉李敏我对强迫症治疗经验不足，希望她能到医院看精神科或心理科医生以寻求更好的心理治疗。

【咨询效果】

强迫症发病与人的个性心理因素及脑内神经递质分泌失衡有着莫大的联系，有些心理治疗或药物治疗，对缓解患者病情能起到一定的作用，而我没有治疗强迫症成功的案例。因此，我一般会将这些求助者转介，建议他们去医院进行治疗。

我也建议李敏去找擅长治疗强迫症的心理医生，并告诉她，治疗强迫症可以将心理治疗与药物治疗结合，但应在专科医生指导下服用药物。

【反思和建议】

由于强迫症的发病与社会心理、个性、遗传及神经递质分泌等因素有关，其中前两项是可以对其进行干预的。因此，家长应当为孩子构建一个稳定、安全、和谐的生活环境，不应过分苛求孩子，生活处事可以更具弹性，注重相互间的沟通，促进其构建健全的人格。

强迫症的预防：

从小注意个性的培养是十分必要的。家长不要给予过多、过于刻板的要求，这对于预防强迫症的发生有很大帮助，特别是当家长本人是个性不良者时更应注意。

参加集体性活动及文体活动，多从事有理想、有兴趣的工作，培养生活中的爱好，以建立新的兴奋点去抑制病态的兴奋点。

家长应关注心理健康教育，培养孩子应对各种压力的积极方法和技巧，帮助他们增强自信，培养敢于面对挫折的心理品质，这是预防强迫症的关键。

采取顺应自然的态度。有强迫思维时不要对抗或用相反的想法去"中和"，要带着"不安"去做应该做的事。有强迫动作时，要意识到这是违背自然的过度反应形式，要逐步减少这类动作反应，直到和正常人一样。

接触这样的个案，我总提醒自己，对子女的教育要顺其自然，尤其在孩子幼儿时代，多给予孩子恰当的关爱和要求，不要苛求孩子的成功或成绩、给孩子设置过高的目标。家长如果有条件，应学习心理健康教育方面的知识，这也许会减少孩子罹患精神疾病的风险。

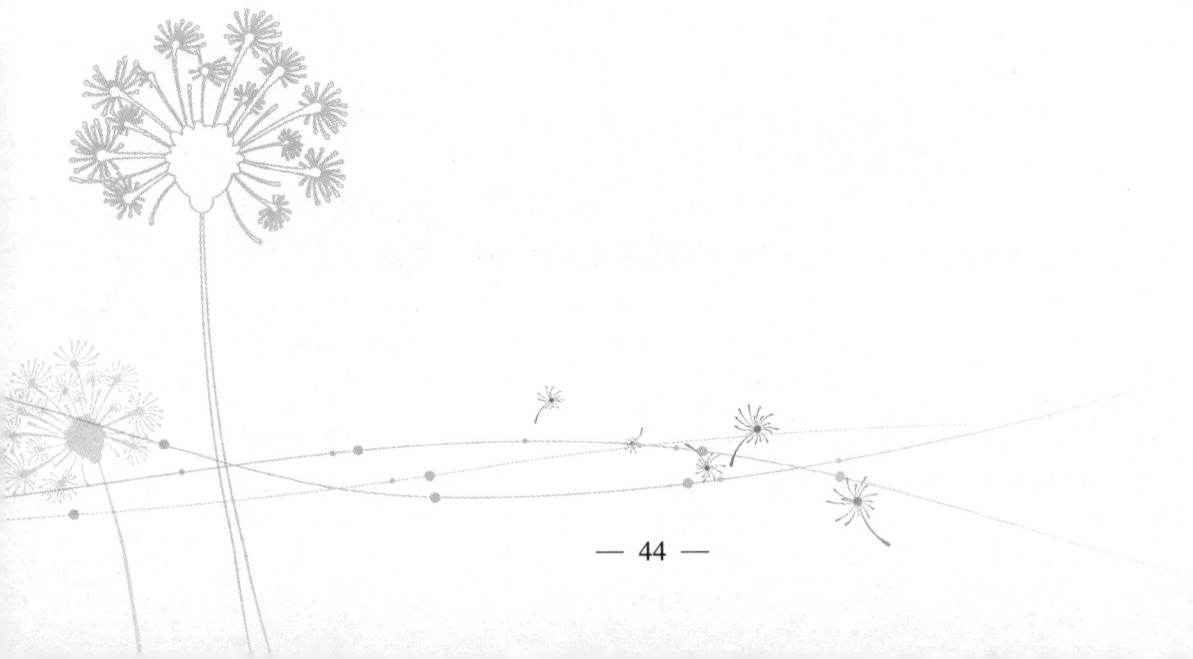

7 成瘾行为怎么办

48岁的红霞经人介绍主动联系我。我们商量了时间、地点。我出差到了红霞的居住地，她带着儿子魏国前来咨询，因为儿子赌博成瘾。

【咨询过程还原】

一见面，红霞泣不成声："老师，我不要这个儿子了。你告诉我有什么办法可以与他断绝母子关系？我再也不认这个儿子了。"我说没有哪部法律允许你和儿子断绝关系，亲子关系是断不了的。

"不，我一定要与他断绝关系。他太让我伤心了。"于是，红霞开始历数儿子因为赌博导致经常被债主找到家，她一次又一次替儿子还赌债的事。我问她还了多少赌债，她说10多万，不知儿子是否还有别的赌债。这次儿子被大学开除了。

我问魏国是否有女友，他说有。又问他和母亲是否因为女友闹矛盾，魏国说有，因为母亲骂他的女友。母亲说，因为女友借钱给儿子赌博。魏国说他和那个女友已经分手了，现在又有了新女友。我对母亲说她儿子很有魅力。母亲笑了。

魏国一直非常乖地听我和他母亲探讨他赌博的问题。我对母亲说："你要多看儿子的优点。你看他，一个大男人老老实实在这里听我们骂了他两个多小时。"母亲又笑了，说儿子很乖的，就是有点傻，被别人骗去赌博。

我问魏国什么时候开始赌博，为什么要赌博。他说，刚读大学第一学期没住校，只有中午一餐在学校吃。那时他谈恋爱了，但母亲每周只给他50元，即每天10元。所以，当时想通过赌博赢一点钱谈恋爱用。我问母亲怎么给那么一点钱呢，母亲说她不知道儿子谈恋爱了，丈夫也不同意给儿子太多钱，怕他养成乱花钱的习惯。

我问了魏国今后的打算，他说希望母亲帮他找一份工作，他会努力挣钱养活自己，不会去赌博了，如果无聊只会上网玩一下游戏，并承诺肯定做到。

魏国来咨询时 22 岁，身高 1.9 米。在读大学之前，家长对他比较满意，读大学后，魏国借校园贷去赌博，越赌越输。而这一切，与他恋爱后缺钱、想通过赌博挣钱有一些关系，但又不是必然的，因为他此后还是继续沉迷于赌博无法自拔。

【案例分析】

成瘾的定义为：对令人上瘾的事物很迷恋，迫切想得到或进行，以至于干扰正常活动顺利进行，且对其他事物失去兴趣。

科学家经过试验显示，赌博会激发人体脑中的一种激素的形成，这种激素进化出来是要增强人类的挑战精神，适应优胜劣汰。而这种激素一旦被激发，就会对大脑产生刺激，让人们产生"快感"，不断寻求胜利的可能性，即使失败了还要不断尝试。

从心理上来说，赌博上瘾的人，往往在赌局上来表达自我人生的实现，因为赢了就是成功，这样会加强人们对赢的渴望，从而形成了追求赌局胜利的惯性，寻求它带来的快感。

成瘾的人具有相似的人格特征：①从众心理，凡事无主见，行为随大流，对不良事物缺乏批判性；②性格内向，有内心矛盾冲突时，既不与人交流，也没有积极的解脱方式；③意志薄弱，对诱惑缺乏抵抗力；④争胜好强，易激惹，易在别人挑唆、激将下接受致瘾源。

【案例处理】

我首先和魏国一起分析成瘾行为的个性特征，让魏国了解自身的不足和需要改变的地方。魏国告诉我，他和父母的关系不融洽。父亲不太管他，母亲又处处不放心他、严格控制他，而他性格内向，又争强好胜、易激惹、意志力薄弱。

我告诉魏国，虽然母亲当初给他的生活费是少了一些，但多次赌博输钱后都是母亲替他收拾残局还赌债，而他从没有承担赌博输钱的后果，总是抱着能一举赎回损失并加倍盈利的心态，不断陷入恶性循环，越赌越输。

魏国说现在已经明白了这些道理，但由于赌博导致他无心学习，现在已经被学校开除了。他没有能力找工作，母亲认识的人多，希望母亲帮他找份工作，他会好好干。而且被开除后，他也远离了那些赌桌上的人。

我问母亲，家里有几套房子，母亲说有两套，一套出租，一套自住。我和魏国的母亲商量的结果是，她帮儿子找份工作，让儿子单独生活。家里的一套房子父母自住，另一套房子不出租，单独给儿子住，水电费、物业管理费暂时帮儿子交，不要给他房间搞卫生。儿子答应他会用心工作，不会赌博。

这时，母亲已经很平静，她叫儿子出去买水。趁儿子外出买水时，母亲问我："老师，真的要让他独自生活？他一个人生活我怎么放心？他从来都没独自生活过。"我说："你看你，刚来时说得那么坚决，要和儿子断绝关系，现在让他独自生活你又舍不得了。他22岁了，你担心什么？你儿子还是很乖的，坏不到哪儿去。"这时母亲说："其实我今天来，并不指望儿子能改变，就是想当着你的面发泄一下对他的不满，倾诉一下。听了你的分析，看来我要相信儿子。而且，当时儿子读大学时给他的零用钱太少了。"她又和我谈了很多担心儿子独自生活的想法。

我说给儿子半年的时间，如果他用心工作，不赌博，那么就不用让他继续独自生活。如果他做不到，父母也不要可怜他。

后来母子签订了一份协议，母亲帮儿子找一份工作，儿子用心工作，不再赌博，如果无聊就上网玩玩游戏。半年后若儿子做到了，就不用再单独出去住；如果做不到，半年后继续独自生活，家长除了提供住房，其他一切生活费都不给。

【咨询效果】

魏国的家和我家相隔较远，所以，每次见面咨询时间都要三个小时。咨询过程中，母亲诉说的时间较长，魏国不太说话。

虽然商量的结果是母亲腾出一套房子让魏国独自生活，他也答应要努力工作，不会继续赌博，但是否能真正做到，我的心里也没有底，因为戒除赌博，需要魏国深刻认识到自己的错误。

半年后随访，母亲告诉我，儿子真的做到了用心工作，再也没人来要赌债了，儿子真的改变了。她也很感谢我，让她懂得欣赏儿子，多夸奖儿子，让他像男子汉一样承担责任。魏国现在很懂事，和女朋友的感情也很稳定。

【反思和建议】

魏国因为当初家长给的零用钱太少了，又谈了女朋友，所以想通过赌博挣些零用钱，导致他好赌成性。家长不能再用以前的老思想来要求孩子，家长也要与时俱进。如果儿女恋爱了，家长应根据家庭经济情况，适度给予孩子恋爱基金。这样既不会造成孩子经济上的烦恼，也不会使其恋爱时过度使用恋人的钱，以致分手后为了钱的事算账！

爱孩子要用对方式，有时严，有时宽，有时要控制，有时也需要给予孩子适度的理解和支持！更要鼓励和相信孩子。现在很多家长已经接受孩子在大学恋爱，多数家长知道孩子恋爱后，都会给孩子适度增加零用钱，以此作为孩子的恋爱基金。

对待那些学业不佳的孩子，家长不要因为他们成绩不好就瞧不起他们，而是要看到他们在其他方面的优势，欣赏他们。因为每个孩子的天赋不同，要给予孩子恰当的爱和赞赏，才能激发孩子的天赋，让他们在擅长的领域收获成功。家长和老师都不应该把学习成绩当作评价孩子成功与否的唯一标准，这样才能让那些成绩不好的孩子获得自信，而不会迷失在网络游戏或赌博中，并以这些不良爱好作为追求成功的目标。

有些家长渴望孩子成为优秀的人，但更多的孩子都只是普通人，只要他们遵纪守法，依靠劳动养活自己，能独立生活，家长就应该欣赏这些孩子，而不是急功近利，一定要求孩子成为一个出类拔萃的人。那样既不利于建立亲子感情，也不利于孩子的身心健康成长！如果家长少一些功利思想，那么孩子会收获更多的爱，也会变得更加自信、更加健康！

8　不良情绪如何宣泄

18 岁的小飞应班主任的要求前来咨询室，因为他的手臂上有上千条刀片割的痕迹。他喜欢打球，却不洗衣服，夏天天气炎热，衣服经常发出臭味，这让同学很讨厌他。可他只有到了周末才会把衣服带回家给母亲洗，可见他缺乏生活自理能力。最终，小飞主动提出退学，班主任为了挽留他，建议他来咨询。

【咨询过程还原】

小飞告诉我，他曾经有个 1.85 米的哥哥。哥哥高中毕业后交往了一个身高 1.5 米的女朋友，因身高问题遭母亲强烈反对，此后哥哥离家出走，两年未与家里取得联系。两年后，哥哥的女朋友打电话通知父母哥哥病危，等父母赶到医院后，哥哥已经不治身亡。在当地火化后，父母将哥哥的骨灰带回家，从此，小飞对母亲有强烈的愤怒情绪，他认为是母亲的严厉和苛责造成哥哥离家出走，他把哥哥的死因归咎于母亲，因此憎恨她。

看到小飞手臂上的一条条刀痕，我问他为什么会这样。小飞说从小母亲都很宠他，在家里要什么给什么。但到学校，由于他成绩一般，性格内向，不与人交往，几乎没有朋友。遇到问题和烦恼时，一旦他不知道怎么解决，就用刀片割自己。

我问他是否感到痛呢，他说开始时有点痛，但经常这样做后，他已经麻木了，只有在清洗伤口时才会有痛的感觉。

【案例分析】

自残是指人对自身肢体和精神的伤害。一般来说，对精神的伤害难以觉察，因此，如果不特别指明，自残仅仅是指对肢体的伤害。自残的最极端情况就是自杀。自残行为并不少见，每个人都可能产生过自残的念头，只是大多数人没有采取实际行动而已。

而青春期的孩子，有些习惯用刀片自残，以此宣泄生活中的烦恼或痛苦，这样的案例我接触过不止一个。

案例一 某男生有姐姐、妹妹和弟弟。母亲对他们非常严厉，经常用打骂的方式教育他们。男生虽然讨厌母亲长期的家暴，但小时候不敢反抗。直至初中，他再次被母亲责骂时，他用手砸玻璃，当时流血不止，但他没有痛感。此后，遇到压力他经常用刀片割手腕，而且感觉不到痛，只在事后洗手时才有感觉，他已经习惯这样自残了。而父亲在家不吭声，母亲对他不是打就是骂。之后，每次被母亲打骂后，他就用刀片自残。时间一长，他遇到任何烦恼都这样伤害自己。直到他高一离家出走后，母亲再也不敢打他，但不和他正常交流，仍然喜欢骂他。他在外打工的两年中因为没有压力，很轻松，所以没有自残行为。后来，家人又要求他回到学校读书，因为无法适应学校严格的管理，每当遇到学习等压力时，他又用刀片割自己。

案例二 一个女生的父亲是分管教学的副校长，因此对她要求过高，管教非常严厉。初中时女生成绩不佳，但被安排到父亲所在的重点中学读书。她学习跟不上，后来谈恋爱又被父亲发现，招致父亲严厉责骂。此后，她遇到烦恼、压力，就用刀片割手腕，当时不感觉痛，渐渐也就习惯了。

这些自残行为既是一种压力转移的方式，也是一种不良的发泄方式。自残者常常因为焦虑、紧张、不安、痛苦等情绪得不到化解，而习惯于通过增加自身肉体的痛苦来减轻精神的痛苦，以此将负面情绪转移。

这些自残者常常把自残行为当成调节情绪的一种方式。他们有太多消极情绪，包括愤怒、强烈的焦虑或挫折感。特别是处于求学期的青少年，因表达、处理情绪能力还未发展成熟，习惯于通过自残行为来减压，这需要引起家长和老师的注意。

这些自残者，他们比较自卑，容易自责，遭遇挫折或表现达不到家长要求时，会用自残来表达对自己的愤怒，惩罚自己。这些自残者身边有关心他们的家人、朋友或老师，但其行为让大家感到疲累、挫败，甚至不想理会，因为他们惯以自残行为捉弄他人或吸引关注，甚至控制他人。因此，辅导员或班主任经常被这些学生吓得不知如何是好，转而寻求心理咨询师的帮助。

这些自残者，对身体极其不负责任。通常人们认为自残者的行为是心理不成熟或不健全的表现，因此难以被社会接受。

【案例处理】

为了真实地了解小飞的家庭情况，我要求小飞的家长前来咨询。小飞的母亲身高 1.7 米，身材壮实，而且很喜欢打麻将，小飞很像他的母亲。父亲身高 1.6 米，非常瘦小，长期在外打工，两个月才回家一次，所以平日都是母亲陪伴小飞。

母亲说她非常爱小飞，在家里不让小飞做一点事。小飞一直是在母亲身边长大的，当他第一次离家住校时，小飞不习惯，因为在家里，家务都是母亲做的。小飞不会洗衣服，知道同学都讨厌他衣服很臭，所以，他想退学。

小飞的父亲告诉我，他很少回家，妻子又没有工作，所以在家照顾两个孩子。他不明白，为什么妻子对大儿子要求十分严厉，却对小儿子非常溺爱。

小飞母亲告诉我，大儿子性格随她，开朗活泼。她认为哥哥是老大，要做出榜样，所以对大儿子要求很严。而大儿子找的女朋友太矮小了，所以她坚决反对。没想到大儿子因此离家出走，外出打工后不回来，也不和他们联系。大儿子在外意外病故，导致她更加宠爱小儿子，唯恐小儿子再出事。她觉得对不起大儿子，可小儿子因此十分恨她，总和她对着干。

母亲说，她知道小儿子喜欢用刀片割手臂，但她也不知道怎么办。虽然也很后悔当初不该对大儿子太严厉，但现在后悔也没用了，大儿子已经离开他们了。而对小飞的溺爱，却让小飞无法独立生活。

　　小飞父爱的缺失，强势的母亲对小飞过于溺爱，最终使小飞在学校胆小、内向，遇到问题不知如何解决。小飞已经18岁了，过去一直过着饭来张口、衣来伸手的日子。住校对于小飞来说是一件非常痛苦的事，小飞爱打篮球，但此后因为不洗衣服，所以也不打球了。最终，小飞还是强烈要求退学，因为他生活无法自理。

　　我告诉小飞，他用割手臂的方式来排解烦恼并不利于解决问题，希望他今后能增强自信，学会自立，不要苛求自己，每天进步一点点。同时要主动与人沟通，把心里的困惑、不满说出来，宣泄出来。我建议小飞退学后，父母带他去医院看心理医生，在医生的帮助下尝试改变自己！

【咨询效果】

　　虽然小飞的家长也很配合，为了小飞也进行心理咨询。可小飞已经18岁了，他非常懒散，个人生活完全不能自理，最终还是退学了。

　　虽然小飞也愿意前来咨询，但改变的愿望不强烈。母亲替他包办了一切，他是一个没有长大的巨婴，住校的生活他不能适应。这样的个案，很难通过一两次咨询就取得良好的效果。

　　只要和母亲生活在一起，小飞就很难成长，也无法真正独立。父亲在家中没有威信，母亲包办了生活中的一切，小飞没有独立生活的意识，所以，除非母亲能彻底不再掌控小飞的生活，那样，也许小飞能有所成长。

【反思和建议】

　　小飞的个案，给了我很多反思。小飞哥哥的病故虽然是疾病造成的，但母亲过于强势，过分干涉孩子的恋爱，导致小飞哥哥离家出走，两年没有和家庭取得联系。此外，父亲在家里非常弱势，几乎没有作用。一般来说，强势的母亲，往往会培养出弱势的儿子。小飞母亲的强势，导致父亲在家中没有任何作为，而母亲对小飞的溺爱，最终导致小飞成为长不大的巨婴。

　　我接触的几宗割手臂自残的案例中，均与不正确的家庭教育有关。可以说，家长错误的教育方式导致孩子无法宣泄他们的不良情绪，不懂得以恰当的方式面对压力和痛苦。

因此，我希望家长通过培训成为合格的父母后才准备生育孩子，做到持证上岗，否则，长期在家长不正确的教育方式影响下，一些孩子既无力反抗，又无法逃避，于是，这种慢性刺激可能导致他们用自残的行为对抗消极情绪，而这往往存在自杀的风险。

美国托马斯·乔伊纳（Thomas Joiner）在《为什么要自杀》这本书中，描述了他父亲的自杀身亡过程——由最初的割手腕直至刺破心脏，他得出的结论是"最开始轻微的自我伤害是致命自残的前奏"。这也提醒我们要关注那些习惯用自残的方式对待情绪烦恼和挫折的孩子。他们已经渐渐习惯了疼痛，甚至变得麻木，最终可能采取致命性的伤害行为。

因此，我建议小飞家长带他到医院看心理科或精神科，做一个抑郁方面的测量和诊断，如果确诊为抑郁症，则需要药物治疗，必要时，甚至需要住院治疗。

我国传统文化有很多关于生命教育的内容，如康熙年间秀才李毓秀的《弟子规》中写道："身有伤，贻亲忧。"爱护自己的身体，不要使身体轻易受到伤害，让家长忧虑。《孝经》中说："身体发肤，受之父母，不敢毁伤。"因此，学校和家庭要对孩子进行生命教育，教育孩子爱惜他们的身体，不能损伤自己或他人的身体，自杀或杀人是绝不允许的。如果遇到不幸或挫折，要主动进行心理咨询，而不是以极端方式来结束生命。

有些人培养孩子的目标是希望他们学业优秀，考取一流大学，将来成为一个成功的人。而我认为，培养一个独立自主、身心健康、珍惜生命、热爱生活、懂得感恩、善待他人、积极阳光的孩子，就是教育的成功。即使孩子是一个普通的清洁工、建筑工人，只要他们有责任、有担当，能在工作岗位上付出努力，一样值得我们欣赏和赞美。

我特别强调要从小培养孩子做家务，这对孩子今后独立生活非常重要。孙云晓在他写的书《习惯决定孩子命运》中说：美国的小学生，每天的家务劳动时间为 1.2 小时，泰国 1.1 小时，韩国 0.7 小时，英国 0.6 小时，法国 0.5 小时，日本 0.4 小时，中国是 11.32 分钟。而美国哈佛大学专家对 456 个孩子（包括爱做家务的孩子和不爱做家务的孩子）进行比较，并跟踪研究了他们 20 年，结果表明，差别有二：①失业率为 1：15；②犯罪率为 1：10。还有，爱做家务的孩子长大了，他们的离婚率低，心理疾病的患病率也低。因此，培养孩子爱做家务的习惯，对孩子的成长非常重要。

美国心理学家威兰特从 20 世纪 40 年代开始对孩子进行了 40 年跟踪调查的结果表明：除去智力、家庭收入、种族背景及教育程度等因素，常做家务的孩子比很少做家务的孩子要幸福得多。大量记录表明：从小做家务的孩子较有才干，充满自信，人际交往能力较强，收入可能超出后者 5 倍之多，失业率也低于后者，且患精神疾病的概率也低，死亡率也比后者低。

因此，培养一个独立自主、身心健康的孩子才是最重要的。我女儿从 3 岁开始就做力所能及的家务。她一直很喜欢烹饪，大学放假回家时，每天变花样给家人做三菜一汤。我从来没有因为她考上一本而骄傲，我最骄傲的是她的独立生活能力很强。如今女儿已经结婚生子，虽然是独生子女，但她亲自带孩子，一点都不要我操心。离开我，她一样能生活得很好。所以，我希望家长不要溺爱孩子，要从小培养孩子主动做家务，这样孩子才能独立成长。

长期从事心理咨询工作，让我非常关注教育问题。近年来，部分人对于成功的理解过于单一，仅仅以金钱的多少和权力的大小来作为衡量成功与否的唯一标准，导致一些 80 后或 90 后的年轻人梦想一夜暴富，为了挣更多钱，不惜从事坑蒙拐骗的违法工作，如高回报的保健品推销、电信诈骗、网络诈骗、贩毒等。一些年轻人没有敬畏心、道德观念、法律底线，一些家庭教育也趋于功利化，只要孩子学习成绩好，对他们的人品、礼节、家务劳动能力都不做要求。这种功利化的教育最终使得一些孩子缺失生活技能和独立生活的能力，对长辈缺乏敬畏和尊重。因此，反思教育的失败，培养独立生活、懂得感恩和回报的孩子比培养学习成绩优秀的孩子更重要。

9 发生家庭变故怎么办

寒假前，王虹父母到大学看望她。在他们开车到学校的途中，发生车祸，一个当场死亡，一个住院两个月后死亡。王虹说处理好索赔的事后，打算随父母而去。王虹的外婆告诉我，王虹总说要自杀，希望我能帮助她。

【咨询过程还原】

1. 第一次心理咨询

我首先问王虹为什么选择这个学校和现在就读的专业，将来有什么打算。她说以前父母健在时，她对未来充满希望，可现在不知该干什么。她告诉我，发生车祸时，父亲当场死亡，母亲被送到医院。埋葬父亲时，她嗓子都哭哑了，此后她在医院照顾昏迷的母亲，两个月后母亲也撒手人寰。那时，她已悲痛欲绝，只想办完母亲的后事，随他们而去。

因为要处理车祸索赔的事，她得强撑着。现在索赔的事也结束了，白天上课，她什么也听不进。和同学在一起时，她没时间想什么，但到了晚上一个人躺在床上，她开始想父母。她是独生女，父母一直非常恩爱，也很爱她。可现在，没有人让她牵挂了。

我问她经济上有困难吗，她说家里有产业，生活无须担忧。我问她来这里读书是谁的想法，她说母亲希望她多读书。我说："母亲那么爱你。如果在天有灵，她一定希望你快乐地活下去。当然，你现在很痛苦。如果是我，我也一样伤心欲绝。"接着，我和她分享了我父亲得肺癌去世时我的心情。

我告诉王虹生命很脆弱，谁也无法预知各种天灾人祸。同时我还给她讲了一些人面对苦难，如何继续活下去的故事。我说人的一生中，遭遇挫折是难免的，我们能做的是接受现实。我也有女儿，我非常爱她。假如我意外死亡，在九泉之下，一定希望女儿快乐地活着。如果知道女儿打算随我而去，我一定恨她，在天堂遇到她我不会原谅她。我要骂她、打她，问她为什么不活下去，因为她活着，就是我最大的心愿。

我说："你知道吗？尽管父母离开你时，无法和你说一句话。但如果他们心里明白，他们一定会高兴地想，幸好女儿18岁了，已是一个成年人，他们可以放心地走了。他们相信有一天你会恋爱、结婚、生子。结婚后，你会带着丈夫来坟前看望他们，告诉他们你结婚了。再有一天，你会带着孩子，告诉他们你有了宝宝，让他们放心。"

女孩哭了，答应我说："老师，我知道我该怎么做了。我心里好受多了，能放下了。"

"知道吗？现在你的生命不完全属于你，还是你父母生命的延续。你身上流着他们的血，你有责任完成他们对你的期望。为了他们，为了爱和责任，你应该珍惜自己的生命，好好活着。"

"老师，谢谢你。我知道了。"

"今晚给父母写封信吧。答应他们，你会好好地活着；告诉他们，无论将来发生什么，你永远不会放弃自己的生命。"

"老师，我原来给他们写过一封信，烧给他们了。我今天还会写的。"

"以后，想他们的时候，就给他们写信，告诉他们，你会努力实现他们对你的希望，会做到将来带着丈夫和孩子，经常去看他们。在每年的清明节，给他们扫墓。"

"老师，相信我，我会好好地活着。"

2. 第二次心理咨询

我给王虹看了我过去写过的一些文章，里面写着一些人遭遇变故后继续勇敢生活的故事。她说上次咨询后，就给父母写了信并烧给他们了，她决定为了他们好好活着，不会再有自杀的念头了。

【案例分析】

这是一个典型的创伤后危机干预案例。创伤后应激障碍（PTSD）

是指个体经历、目睹或遭遇一个或多个涉及自身或他人的实际死亡，或受到死亡的威胁，或严重地受伤，或躯体完整性受到损害后，所导致的个体延迟出现和持续存在的精神障碍。

此个案发生在 2008 年，汶川地震之后。当时王虹的班主任告诉我，虽然父母意外遭遇车祸死亡，但王虹家境很好，没想到她那么不坚强，经常流露出自杀的想法，因而无法理解她。我告诉王虹的班主任，王虹是独生女，虽然已 18 岁，但一夜之间失去父母，这种痛苦和打击一般人都难以承受。幸亏王虹的外婆比较理性，主动找到我，寻求我的帮助。

有些事情，对于某些自愈能力较强的人，他们能自我调节度过最痛苦的时期，但有些人需要借助外界的力量才能获得成长。对于危机事件，最好寻求专业人员帮助，如果当事人长期无法从悲伤中走出来，严重的抑郁可能导致其自杀死亡。因此，危机事件发生后，学校的老师或身边的亲戚朋友，应尽量求助于专业人员，依靠社会力量，帮助当事人度过危机。

创伤后的危机干预，侧重提供心理支持，帮助求助者提高心理应对技能，表达和宣泄相关的情感。及时治疗对良好的预后具有重要意义。在对慢性和迟发性 PTSD 的心理治疗中，除了特殊的心理治疗技术外，为求助者争取最大的社会和心理支持是非常重要的；亲人和同学、朋友的理解，可以帮助求助者获得最大的精神支撑。

【案例处理】

这个案例的处理相对比较简单。王虹已经上大学，有一定的思考和领悟能力，治疗的关键是给她一个希望，一个活下去的理由，如完成母亲让她读书的心愿、延续家中的香火等，让她建立起活下去的目标，明白活着的意义，有继续活下去的动力。

【咨询效果】

王虹做了两次咨询，效果很好。心理咨询后，我向王虹的外婆了解到王虹变得积极了，性格也开朗了很多。因为还有伯伯、叔叔、外婆等亲人的关心，而且王虹家境殷实，没有经济压力。

之后，我还给王虹的班主任打了电话，了解咨询后她的情况。班主任比我更早知道王虹父母意外离世的消息，也特别关心她。班主任告诉我王虹现在和其他同学可以正常交往，逐渐从悲伤中走出来。父母离世半年后，她的精神状态好了很多。

【反思和建议】

这个案例中，王虹的外婆和亲人特别关心她。外婆主动把王虹有自杀倾向的事告诉学校，希望老师们多关心王虹。此外，外婆还主动寻求专业心理咨询师的帮助。

同时，王虹学校的老师非常关心她，及时对她进行了心理辅导，并与有处理危机干预经验的心理咨询师联系，共同帮助王虹走出困惑。这说明该学校非常重视学生的心理健康，对危机干预等心理知识也很了解。

在孩子面对如失恋、高考失败、亲人意外死亡等事件时，家长和老师都要重视，因为这些不仅仅是一般的心理问题，而是危机事件，需要启动危机干预程序。

一些家长和老师对抑郁症、危机干预等知识缺乏了解，发现孩子有自杀念头或行为时常常不理解，以为他们不坚强。判断抑郁症或抑郁倾向，有两点最容易鉴别，一是求助者诉说他们经常失眠，二是经常流露自杀的念头。如果发现有这样的情况，最好及时将情况报告学校的心理老师。通过心理老师鉴别后，将求助者转介到医院，进行心理治疗或危机干预。如果是严重的抑郁症患者，则需要进行药物治疗和住院治疗。如果不及时治疗，就可能酿成自杀等悲剧。

10　遭遇挫折怎么办

李鑫第一次找我咨询时是 19 岁，读高三。17 岁卧床在家一年多的妹妹的情况让他很担心，家里还有一个 13 岁的弟弟，也不想读书。

【咨询过程还原】

李鑫告诉我，在他 11 岁时，母亲因父亲有外遇而非常痛苦。父亲提出离婚，母亲痛不欲生。他父母在一次吵架后，母亲上吊自杀身亡。李鑫目睹了母亲上吊的情景，妹妹李丽也在他的身边，那年李丽 9 岁（读小学三年级），最小的弟弟 5 岁。母亲去世后，父亲再婚，妹妹坚决不和父亲住在一起。没有办法，李鑫和妹妹只好单独住在农村的老房子。

妹妹初二读了一个学期，便辍学在家，玩了两年电脑。因为李鑫读高中住校，妹妹一个人在老房子住，最小的弟弟和爸爸生活。母亲去世五年后，父亲患癌症死亡，此后继母离开了他们家。

李丽 16 岁外出打工，由于性格内向、不善言谈，与同事之间发生矛盾无法处理，因此回到家中。此后的一年多都待在家，除了吃饭和上厕所，其他一切活动均不离开床，而且只吃面条，不让放盐和油，说盐和油被人投毒。这时李鑫第一次找到我，希望我能看看李丽是什么心理问题。

【案例分析】

李鑫作为长子，经历了母亲自杀、父亲病故、继母离开他们等家庭变故，如今妹妹李丽躺在床上一年多，弟弟辍学。不断遭遇的挫折让他不知所措。而所有这些挫折，与李鑫父母不恰当地处理他们婚姻中的矛盾有关。

苏联心理学家扎哈罗夫对患有神经官能症的儿童的 100 多位父母进行研究，发现夫妻冲突对子女有严重伤害。他在《冲突家庭中相互关系的心理特征之诊断与治疗》一文中指出："孩子的精神心理病患实质上就是父母为'摆脱'自身的个性危机而付出的代价。父母在发泄自己的神经质、委屈和不满的时候，往往就迫使孩子充当各种各样的、常常是互不相容的角色，这些角色超过了孩子的适应限度。"他又说："童年期和少年期的心理疾患，是家庭问题的反映。"

社会研究表明，在父母离异或双亲失和环境下成长起来的孩子，更可能产生心理疾病、越轨行为、学习成绩下降或其他问题。子女与父母之间如果缺乏强有力的、健康而公正的爱之纽带，那么父母的指示就会招致反感、不满甚至对抗。这种态度如果发展至极端，便会导致孩子最终反对一切权威。孩子只有在感觉到父母真正爱自己、接纳自己的情况下，才会认同父母，从而认同自己。

在我国的社会环境和传统文化氛围影响下，有些孩子认为父母离异是丑事、错事，因而自尊心、自信心受到打击。社会上有些人也会歧视父母离异的孩子。而父母离异后，如果是由上一辈照顾孩子，老人往往认为离婚后的孩子很可怜，从而娇惯、溺爱或迁就他们，导致孩子以自我为中心、过分依赖长辈、不懂如何与人交往以及对人自私、冷酷等。因此，父母如果不能恰当地处理离婚事宜，往往会对孩子产生负面影响。据上海市的一项调查，"不健全、缺损型"家庭中的孩子犯罪率是正常家庭孩子的 8 倍。另有一项调查资料显示，少年犯在回答问卷时，认为自己的犯罪与父母离异有直接关系的占 27.6%。

【案例处理】

1. 第一次心理咨询

李鑫第一次求助，是希望我看看他妹妹是什么疾病，因为李丽不出门，我只能自行去李鑫家见李丽。李丽整个人蜷缩在被子里，我用尽全力也拉不开被子，因为她使劲拽着被子蒙着自己，也不和我说一句话。此后，我请教了一个在精神病院工作多年的精神科教授。教授建议李鑫的家人强行将李丽送往精神病院治疗。

想了很多办法，最终通过李鑫舅舅和村里人帮忙，绑着李丽的双手以防她在中途跳车，这才将她送到精神病院，她被诊断为单纯型精神分裂症，进行了住院治疗。经过半年后，医院认为李丽可回家吃药进行康复治疗。

2. 第二次心理咨询

李鑫的弟弟读到初二也不愿意再读书了，本想出去打工，但因为年龄太小了，所以，舅舅和外婆他们叫他明年去读技校。

李鑫说他的压力很大，虽然读高三，但放寒暑假都要外出打工挣钱补贴家用。读书的学费也是借来的。妹妹被诊断为精神分裂症，需要持续治疗，治疗费又成了李鑫头痛的事。李鑫说他很累，不知道怎么办。此后，通过李鑫学校和我们组织的社会捐助，给予了他一点经济上的帮助。

3. 第三次心理咨询

半年后，李丽出院了，李鑫带着她来见我。这是我第一次看见李丽，非常秀气斯文的一个女孩。身高 1.65 米，高挺的鼻梁，大大的眼睛，长着如明星一样迷人的脸。

我惊讶于这美丽的脸庞和迷人的身材，心里也一阵阵的痛惜。虽然治疗效果较好，李丽已开口讲话，能进行洗衣、做饭等日常的生活自理行为。但暗淡的眼神、缓慢的脚步、低沉的声音，明显看出她与同龄人不一样，缺乏一个 19 岁女孩应有的活泼开朗。

随后，我对李丽进行了一次催眠治疗。她回忆起儿时和母亲在一起的快乐日子。从武汉出院后，她又在自己家附近的一个医院治疗了三个月，此后一直坚持吃药。李鑫给李丽找了份包装面包的工作，她可以独自上班。李丽言语很少，不主动说话，行动迟缓，像个老人。

李鑫告诉我，母亲在世时，非常漂亮能干，人缘也好。如果母亲没有自杀，带着他们生活一定比现在好，妹妹也不会像现在这样。母亲最爱妹妹，妹妹那时快乐、阳光、开朗，肤色也像母亲一样白净。可母亲死后，妹妹变了一个人，沉默寡言，什么都埋在心里，皮肤也变成蜡黄色。

李鑫最终考上了大学，为了筹集学费他四处借钱。为了陪伴妹妹和弟弟，他在大学外面租了房子，把弟弟、妹妹带在身边求学。

大学毕业后，李鑫找了一份工作。2014 年 11 月，23 岁的李鑫在一个小镇上举行了简单而热闹的婚礼。当婚礼的司仪问李鑫是否愿意娶对方为妻时，他流着泪对妻子说："我愿意!"

李鑫的婚礼上缺少了家长的祝福。婚礼前一天晚上十点多，李鑫和妻子亲自过来安排住宿，结婚当天，李鑫还有很多事要亲自操心。如果李鑫的爸妈在，也许他就不用这么辛苦了!

4. 第四次心理咨询

李鑫结婚后，他们有了一个女儿。本以为生活终于可以平静，可没想到女儿两岁时被诊断为患有严重的自闭症。

刚得到这一结果，李鑫几乎失去了生活的勇气。他哭着对我说："原本为了女儿，很努力工作挣钱，想给她提供好的教育，好好培养她。可如今女儿不认识我，不知道我是谁，不会开口喊爸爸。女儿活着如行尸走肉，没有亲情，不懂得爱。这样活着，还不如和女儿一起死了。"

经过多次心理辅导，李鑫积极投入到自闭症儿童的治疗中。在这过程中，李鑫认识了很多有自闭症孩子的家庭，认识到女儿的情况还不是最糟的，其他家长也分享了他们孩子成长的经历，大家互相鼓励。李鑫这才有为了女儿和弟弟妹妹好好活着的勇气。女儿刚得病时，妻子还坚定地说会和他一起渡过难关，但随着治疗费用不断增加，且女儿的病情并未有多大转机，妻子逐渐失去信心，和他离了婚。没有妻子的支持，李鑫说他看不到希望，但又不能放弃女儿和弟弟妹妹。李鑫问我命运为什么对他如此不公，我也只能叫李鑫接受现实，为了女儿和弟弟妹妹要好好活着。

【咨询效果】

李鑫的妹妹李丽经过住院治疗和心理咨询后，从最初躺在床上一年多到能够独立工作、生活自理，医生都说治疗的效果比他们期望的要好。妹妹病情的好转，让李鑫十分欣慰，但李鑫的命运十分坎坷。多年心理咨询后，他一直很努力生活，但女儿患自闭症，让李鑫的人生再次陷入痛苦之中。目前，李鑫已经准备参加研究生考试，希望研究生毕业后有更好的就业机会，为女儿挣钱治疗。

【反思和建议】

我在李鑫读高三时，经他的班主任介绍，介入李鑫妹妹的心理咨询。此后多年，我一直为李鑫做免费咨询，在精神上给予他安慰和鼓励。

李鑫的故事让我很感慨。如果母亲九泉之下，知道自杀后她的女儿患上精神分裂症，儿子的婚礼上没有父母，她还会自杀吗？如果李鑫的父亲知道再婚五年后自己死于癌症，而女儿在他过世后又成为精神病患者，他还会为了外遇不顾一切地离婚吗？

如果李鑫的母亲当初面临婚姻变故时，多一份理性，不做出极端的举动，也许李鑫他们的命运会有所不同！因此，我希望每一对父母在遭遇人生不测时，多想想孩子，为了孩子我们要勇敢地活下来！如果活下来，就可以陪伴孩子健康成长，见证他们成家立业！活着，就是给亲人最大的爱！无论生活给我们多少不幸，活着才能陪伴亲人！

当面对婚姻不幸时，我认为女人绝不能自杀。我希望为人父母者要记住：当你有了孩子后，你不仅是女人，更是母亲；男人也一样，你不仅是男人，更是父亲。你的决定不仅影响你个人的幸福，也影响孩子的未来。我们生下孩子，就要对他们负责任。为了这份责任，我们要好好地活着。为了孩子，我们要做出一定的牺牲，这种牺牲也包括我们误以为的"相见恨晚的爱情"。

女人，你的名字不是弱者。当你做了母亲后，无论遭遇什么，都不应该用死去解决问题，而要想办法让自己和孩子生活得更好，这样你才是真正快乐的女人！

李中莹在《重塑心灵》中写道，不少女人结婚后会产生了一种托付心态，把自己的快乐托付给丈夫，希望丈夫带给自己幸福和快乐。一旦丈夫的感情发生改变，女人就无法对自己的快乐负责。可生活中，每个人都要独自照顾自己的人生，为自己的快乐买单，因为人生唯一不变的就是变化。所以，当丈夫的感情发生改变时，女人要学会对自己的快乐负责，学会对孩子负责，学会对母亲这个称呼负责。作为母亲，请你好好地活着，快乐地活着！因为，自杀是一种极度自私、不负责任的行为，是一种逃避的行为，是一种伤害孩子的行为。

此外，很多少年犯都是缺失母爱的。所以，作为母亲，无论生活给你多大的打击，相信只要努力，总有柳暗花明的一天。只要我们活着就好！因为活着，一切都会改变！为了母亲这个称呼，我们一定要勇敢地活着！为了孩子，我们不能放弃生命！

11 女生争吵之后

　　夏慧读中职，一天早上打扫班级包干区的卫生时，她与隔壁班的女生晓彤因一点小事发生摩擦后争吵起来。之后，晓彤将此事告诉了闺蜜胡婷。中午胡婷带着晓彤等人，在女生宿舍找到夏慧。她们将夏慧拖进女厕所并暴打她，还威胁夏慧不能告诉学校，否则就将她们暴打夏慧的视频发到网上。

　　下午夏慧哭着将此事告诉学校，学校领导找晓彤询问事情的经过。晓彤说，那天是她的生日，早上与夏慧发生争执后，夏慧骂了她。当她告诉胡婷时，胡婷说生日一大早被人骂不吉利，所以要好好教训夏慧，于是，她们中午将夏慧拖进女厕所进行打骂。

　　此后，晓彤的家人经人介绍后找到我。他们告诉我，父母离婚后晓彤特别叛逆，经常打架，希望我对晓彤进行心理辅导。

【案例分析】

　　校园欺凌是指同学间欺负弱小的行为。欺凌过程蕴藏着一个复杂的互动状态，这种行为会对被欺凌同学造成负面心理问题，影响其身心健康，甚至影响其人格发展。

　　2017 年 12 月，经国家教育体制改革领导小组会议审议通过，教育部等 11 个部门印发《加强中小学生欺凌综合治理方案》。方案明确定义，中小学生欺凌是发生在校园（包括中小学校和中等职业学校）内外学生之间，一方（个体或群体）单次或多次蓄意或恶意通过肢体、语言及网络等手段实施欺负、侮辱，造成另一方（个体或群体）身体伤害、财产损失或精神损害等的事件。

胡婷和晓彤均来自单亲家庭，两人的父母均在她们五六岁时离婚。那时父母离婚的现象较少，所以，她们经常被其他同学取笑为没人要的孩子，并受到各种言语侮辱，有些同学因此瞧不起她们。

进入青春期后，她们特别逆反。一方面，她们因为父母离婚感到自卑；另一方面，彼此之间更加团结。在胡婷的组织下，她们由最初的抱团取暖，到最后在学校拉帮结派，欺凌弱小。只要看谁不顺眼，她们就会把那个同学打一顿。内心的自卑，导致她们自尊心非常强，爱面子，争强好胜。有一次，仅仅是因为一个女生和胡婷长得很像，但眼睛比胡婷大，比她漂亮，胡婷就找人把那个女生打了。

被胡婷打过的女生较多。多数情况下，由于性质并不是十分严重，学校也只给予胡婷警告处分。在经过保卫科教育后，胡婷承诺不会再犯，并写下保证书，由家长签字，学校也就没有再进一步追究胡婷的责任。但胡婷事后对那些举报她的女生报复得更为严重和隐蔽，以致很多女生此后即使被打，也不敢再告诉学校。

胡婷打人后，其母亲被叫到学校，她一再保证胡婷不会再出现类似的事情，并说由于她工作忙碌，疏于管教，希望学校给予胡婷改过机会。因此，学校本着教育为主的原则，同意母亲带胡婷回家教育。几周后，胡婷母亲再次请求学校准许胡婷继续求学，学校也同意胡婷返校。

胡婷比晓彤大一岁。她们是同班同学，晓彤叫胡婷为胡姐。胡婷之所以被叫胡姐，是因为胡婷是学校的大姐大。只要她看谁不顺眼，就会打谁。一些女生被打后，担心告诉学校后会被胡婷报复，所以不敢告诉学校，而她也越发猖獗。

【案例处理】

1. 对晓彤的心理辅导

晓彤经家人做工作后，同意前来进行心理咨询。我问晓彤为什么为一点小事就对夏慧大打出手，晓彤告诉我，父母离异后，她跟着父亲。父亲长期在外打工，她在大伯家生活。父母离异，她经常被其他同学歧视。一次次受到伤害后，她认为只有依靠武力才能保护自己。因此，她和一些同样经历父母离异的孩子聚在一起，互相依靠，也学会了打架。晓彤说，胡婷的父母也离异了。父母离婚后，胡婷和母亲生活，但她母亲工作很忙，没时间管她。胡婷长得漂亮，身高1.7米，身体强壮，打人也从不手软，所以，她们都很崇拜胡婷，称她为大姐大。有了胡婷撑腰，她们这些父母离异的孩子经常团结在一起，从此没人敢欺负她们。

我告诉晓彤，在小学，她由于父母离异受到其他同学的歧视和排挤，是因为小学同学年龄尚小，不懂得尊重他人。因此，晓彤可以尝试原谅他们。如今她和胡婷等纠集在一起后，成为一个小团体，欺负其他女生，她们的行为属于校园欺凌。这样做不仅会伤害其他同学，就像她小学被别人欺负一样，而且，这种行为是被严厉打击的行为，如果事态严重，她们会被学校开除，如果犯罪，甚至会被追究刑事责任。所以，我建议晓彤从成长的角度出发，改变不良的行为。虽然学校多次因为晓彤年龄尚小，本着教育为主的态度，没有对她作出严厉的惩罚，但这并不意味着她的行为是对的。

我给晓彤分析，虽然父母离异后，家人极少关注她的成长，在她曾经受到伤害时没有及时帮助她，但如今她和胡婷等一些离异单亲家庭的女孩聚集在一起，虽然看起来像亲姐妹一样，互相依靠，甚至感情比和父母还深，但这样的小团伙也会伤害他人。

晓彤和我交谈时，谈起如今没人敢欺负她们，这让她感到很骄傲，她也特别崇拜胡婷。我和晓彤探讨她们的行为会对其他同学造成各种负面影响。欺凌除了对受害者造成伤害外，对欺凌者和旁观者也会造成伤害。欺凌者长期欺负别人，会以自我为中心，对同学缺少同情心；旁观者会因为帮不到受害者而感到内疚、不安。如她们在厕所暴打夏慧，造成夏慧抑郁，之后夏慧申请退学回家，当时也有其他女生在厕所目睹了这一过程，对她们也有不好的影响。

我告诉晓彤，虽然她们这种抱团活动，看起来是一种自我保护，但实则是欺凌行为，如果这种行为还长期存在，今后她们会为这些行为付出代价。晓彤也认识到自己的错误，愿意改变自己。我也希望她能帮助胡婷改变错误的观念，今后不要再欺负其他同学。

2. 对夏慧的心理辅导

夏慧在厕所被打后，心理受到极大的创伤。虽然此后我及时对夏慧进行了心理干预，但她已经因此受到惊吓。夏慧告诉我她幼年遭受过强奸，此后因为抑郁住院治疗。这次被拖进厕所，遭遇群殴，还被其他上厕所的女生围观，使得她不愿意继续读书。夏慧的家人到学校后，希望学校严肃处理这件事。此后夏慧及其家人提出退学，夏慧外出打工，再也没有回校读书，这件事对夏慧影响很大。夏慧告诉我，她希望能在外出打工过程中逐渐淡忘此事。

【咨询效果】

晓彤进行心理咨询后，认识到自己的行为给他人造成了恶劣的影响，此后她在学校改变很大。老师、家长和同学都反映晓彤进步很多，一方面，她能用心读书；另一方面，她不再参加欺负其他同学的行为。

我也曾经尝试给予胡婷免费的心理辅导，但胡婷的班主任征求她的意见时，她说她没有心理问题，不愿意接受心理辅导。

发生此事后，胡婷的母亲来学校多次和领导沟通，最终胡婷被带回家教育两周后返校。中职毕业后，胡婷参加工作，因为经常闹事，失去了工作。之后在一次打架事件中，她被对方打断了一条腿。

【反思和建议】

胡婷求学时因打架闹事多次被学校警告，但胡婷的母亲每次都想方设法为胡婷开脱。胡婷的亲人总以胡婷父母离异，她很可怜为由，对胡婷的打人行为不予重视。而学校也常因为胡婷的母亲出面认错、道歉，最终以胡婷年龄小为由主张以教育为主，不做严厉的惩罚，导致胡婷认识不到自身行为对他人和自己造成的恶劣影响。

由于自我防御意识很强，胡婷几乎不能接受任何老师对她善意的批评和教育，在学校几乎没有老师愿意管她。胡婷的班主任也说，她对他人的关心总是充满恶意和怀疑，习惯瞪着眼睛，一副充满仇恨的样子，让老师很心寒，不想多管她。

打架事件发生后，学校以胡婷是女生，个性偏激，担心过多的刺激会使她采取极端行为为由，让其母亲带回家教育。胡婷的母亲对女儿除了在物质上尽量满足她，在教育上几乎没有作为，总认为父母离异对不起胡婷，所以一味地迁就她。这样的纵容最终害了胡婷。

因此，对于制止校园欺凌行为，家长与学校的合作也很重要。学校和家长要充分认识校园欺凌的危害性，可现实情况是，对校园欺凌行为，如何做到宽容而不纵容，学校、家长还缺乏共识。

对于校园暴力事件，一些人认为这只是青少年成长过程中出现的小问题，强调以教育为挽救原则，没有意识到对于那些具有严重社会危害性的失足青少年，惩戒实际也是挽救的一种重要方式，人们对同为未成年人的受害者的保护力度还不够。

我们应该正确认识到，对于实施欺凌的孩子，我们要挽救、教育，但是被欺凌、被伤害的孩子，更应该得到法律和社会的关注与保护，因为他们既是守法者，也是弱者。

因此学校应对校园欺凌采取全校范围的干预措施，一些专家还认为，鼓励孩子积极参加社交活动，建立良好的人际关系，也是解决这个问题的另一种有效途径。

在学校，胡婷不尊重老师，经常抽烟、喝酒。胡婷一出现问题，她的家长就出面替她解决，造成她完全无视其他人的感受，对受到伤害的女生没有一点同情、怜悯之心。胡婷的母亲因为长期遭受丈夫的家暴导致离婚。离婚后，胡婷的母亲缺乏对女儿真正的关爱，仅是在物质上无条件地满足她，胡婷从不用为她的过错承担责任。胡婷对父亲充满仇恨，和父亲没有联系。表面上看，胡婷的母亲似乎在帮助孩子，但这种不负责任的帮助，最终毁了孩子。而胡婷长期目睹父亲的家暴，潜意识也受此影响，当她因父母离异遭到他人的歧视时，也学会了使用暴力解决问题。胡婷因为自卑而自尊心过强、防范意识太重，最终造成了人格的扭曲。

现实社会的一些弱势群体在成长过程中，难以获得心灵的滋养，导致心灵的扭曲，思想的偏见、骨子里的自卑造成他们自尊心特别强，往往会出现毫无征兆地伤害他人的行为。所以，这些人往往由于家庭教育缺失导致反社会人格特征明显，最终不仅害人，也会把自己的人生也搭进去。

因此，希望全社会对这些经历特殊的孩子，不要仅因为他们年龄小，就一味地以包容为主，适度的惩罚反而会让他们受到震慑。家长、学校和社会对于校园欺凌行为要高度重视，对那些父母离异的孩子给予心灵上的关爱。

12 我出现了幻听

一个男生出现在我的面前，"老师，您还记得我吗?"看着眼前这个熟悉的面孔，我却无法回忆起他是谁。"我是军军，老师，我过去多次来找您咨询。"我想起来了，军军因为幻听多次前来咨询，之前我让他去医院看心理医生。

军军比以前精神多了。我问他最近怎样，军军说他很好，是特地从深圳过来看望和感谢我的，接着军军和我聊起了他的过去。

【咨询过程还原】

"老师，初二时因为学习压力太大，我出现了幻听。父母带我去医院。医生诊断为精神分裂症。那时我还小，我问医生这是什么病。医生说是心理疾病的癌症，等于判了死刑，很难治愈。听医生这样说，我以为我的一生都完了。我不能像别人一样正常地恋爱、结婚、做爸爸。此后，我的人生跌入谷底，仿佛一切都和我无关。之后，父亲把我得精神分裂症的事告诉班主任，希望她多关心我。可班主任在班会课上告诉同学我得了精神分裂症，同学对这个病不了解，他们害怕这个病会传染，此后，他们都不敢和我交往。我希望有自己的朋友，但同学都害怕我，没人和我聊天，我很孤独。那段日子，我的幻听越来越严重，以至于上课时我听见有人叫我去死、骂我，我恐惧极了。在课堂上，我低着头紧紧地捂住我的耳朵，我这种行为让其他同学更加害怕，更没人愿意和我来往。之后，我很想考上重点高中，但孤独、恐惧和学习压力让我的幻听越来越严重，最后，我转学到技校读书，因为您给我们上心理课，所以我来找您求助。"

军军做咨询时告诉我他很早熟，在小学时暗恋过一个女生，可因为太小而不能表达，也无法告诉家人他的这种感情，所以很压抑。他说他是独生子，父母非常爱他，但他还是没法和他们谈自己的感情。而这种压抑的情感，也导致他容易敏感、忧虑。

【案例分析】

在这里，首先要介绍一下精神疾病和精神病的区别。虽然精神疾病和精神病只有一字之差，但两者截然不同。

精神疾病是指在各种生物学、心理学以及社会环境因素影响下，大脑功能失调，导致患者认知、情感、意志和行为等精神活动出现不同程度障碍。精神疾病主要分为轻型精神疾病与重型精神疾病。常见的轻型精神疾病有强迫症、抑郁症等，常见的重型精神疾病有精神分裂症等。

精神病指严重的心理障碍，患者的认识、情感、意志、动作行为等精神活动均可出现持久的明显的异常；不能正常地学习、工作、生活；动作行为难以被一般人理解；在病态心理的支配下，有自杀或攻击、伤害他人的动作行为。由此可见，精神疾病是一个总称，包括的范围比较广，而精神病是最严重的精神疾病，即为精神疾病的癌症，如精神分裂症、重度抑郁症等。

精神分裂症是一组病因未明的精神病，临床上往往表现为症状各异的综合征，涉及感知觉、思维、情感和行为等多方面的障碍以及精神活动的不协调。患者一般意识清楚，智能基本正常，但部分患者在疾病过程中会出现认知功能的损害。病程一般迁延，呈反复发作、加重或恶化。部分患者最终出现衰退和精神残疾，但有的患者经过治疗后可保持痊愈或基本痊愈状态。

精神分裂症是多因素的疾病。尽管目前对其病因的认识尚不明确，但个体心理的易感素质和外部社会环境的不良因素对疾病的发生、发展具有影响已成为大家的共识。无论是个体心理的易感素质还是外部社会环境的不良因素，都可能通过生物进化的内在因素共同作用而导致疾病的发生，不同患者其发病的因素可能以某一方面较为重要。

精神分裂症患者个体之间症状差异很大，即使同一患者在不同阶段或病期也可能表现出不同症状。精神分裂症最突出的感知觉障碍是产生幻觉，包括幻听、幻视、幻嗅、幻味及幻触等，而幻听最为常见。

本案例中，求助者已经被医院诊断为精神分裂症，其幻听症状非常明显。虽然有部分自知力，但还是无法控制自己。比如他在课堂上或走在路上，明知没人对他说话，但还是听见有人叫他去死等，因而十分痛苦和恐惧。

【案例处理】

2003 年，我刚从事心理咨询工作不久，对幻听不太了解，但经手过一个与之类似的咨询案例。

我女儿的同学读初一时，因为从农村小学进入重点中学，学习压力非常大，随即开始出现幻觉，总看到别人没看到的东西。女儿的班主任找到我，希望我为她做咨询。和女孩以及她的父母交流后，我了解到女孩在小学一直是学校第一名。升入重点中学后，女孩的成绩无法达到自己设置的目标，因而压力非常大。女孩是独生女，父母非常爱她，对她的学习成绩没什么高要求，只希望她在重点中学建立好人脉关系，以利于将来事业的发展。女孩家境殷实，父母有自己的产业。了解到这些情况后，我对女孩做了减压的心理辅导。我告诉女孩每个人天赋不一样，并不是学习成绩好就能成功，就会生活幸福。之后，女孩再也没有出现幻觉，她接纳了自己学习能力有限的事实，此后学习、工作一切正常，再也没有出现幻觉。

我告诉军军每个人都有各种不同的疾病，比如我有中耳炎、鼻炎、沙眼，但依然能正常生活和工作。我说他的问题不严重，因为他一直有自知力，知道自己出现幻听。我叫军军不要在意这些，忽略幻听，一样可以正常生活。

此后，军军觉得自己的生活有了阳光。因为技校学习压力不大，他开始积极参加学生会的各种竞选活动，担任了学生会干部。军军变得有自信，幻听也很少出现。后来，我建议军军继续到医院配合药物治疗。虽然幻听还存在，但军军的心态越来越好了。

军军对读技校十分不满，总渴望考大学，我告诉他不要强求。多次心理辅导后，军军仍旧想考大学，于是转校到职高备考。

到了职高，由于学习压力大，军军又出现幻听。此后，他便退学外出打工。在这期间，军军还多次和我联系，每次出现幻听时，他都找到我。我建议他到医院治疗，并亲自陪他去医院。医生按照精神分裂症治疗标准对他进行治疗，但军军没有坚持吃药，因此反复出现幻听。一般情况下，如果确诊为精神分裂症，要坚持吃几年药，并在医生的指导下按规定服药，不要自行停药，否则疾病容易复发。

我希望军军坚持吃药，但他说吃药后副作用很大，如嗜睡、疲倦、没精神等，所以他没有坚持。他的自知力并没有完全丧失，于是，我通过森田疗法让他学会带着幻听正常生活。

"顺其自然、为所当为"是森田疗法的基本治疗原则。森田疗法要求人们把烦恼当作人的一种自然的感情来接纳，不要把其当作异物拼命地想排除，否则，就会由于"求不可得"引发内心世界的激烈冲突。如果能够顺其自然地接纳所有的症状、痛苦以及不安、烦恼等情绪，就可从被束缚的机制中解脱出来。森田疗法强调不能简单地把消除症状作为治疗的目标，而应该把自己从反复想消除症状的泥潭中解放出来，重新调整生活，不要指望立即消除自己的症状，而是学会带着症状去生活。

【咨询效果】

通过心理咨询，军军对生活充满信心，但我仍希望他到精神科接受治疗，坚持吃药，可军军不愿意。因为家庭经济条件不好，无法承受治疗精神分裂症的费用，他希望靠意志力治愈幻听，最终，他没有继续在医院进行治疗。

军军告诉我，他后来有过一次恋爱经历，他将自己得过精神分裂症，现在还有幻听的事实告诉了当时的女友。军军说："最初女友很痛苦，但后来她还是愿意和我在一起。女友的父母知道后反对我们交往，可看到我们彼此相爱，她的家人也默认了我们的关系。只是后来，我认为我们还太小，不成熟，提出分手。她很伤心，但尊重了我的决定。现在，我开了一家瑜伽会所，一方面通过练习瑜伽改善我的幻听，另一方面也可以养活自己和家人。"

我问军军："来学校还有别的事吗？"军军回答说："老师，我就是特意来看您的。我真的很感谢您！因为您说每个人都有不同的疾病，要接纳自己，然后正常学习和生活，不要太在意自己的疾病。您这样说让我对未来充满信心，我现在虽然偶尔还会出现幻听，但我没那么恐惧了，还能正常生活。老师，我很感谢您。如果不是因为您，我觉得活着没有任何意义。"

听了军军的话，我很欣慰。最后，我还是建议军军到精神科接受药物治疗，并给了他我熟知的精神科医生的电话，希望他能和医生联系，早日治愈幻听。

【反思和建议】

很多人对精神疾病缺乏了解，一味地认为精神疾病是可怕和令人恐惧的，这会让患者失去生活的勇气和自信。通过军军的故事，我希望从事心理咨询和心理治疗的人，对精神疾病患者多一点人文关怀。

透过这几个案例，我认为，过分压抑的情感以及爱和温暖的缺失，可能诱发孩子的精神疾病。这提示我们要关注孩子的情感需要，不要忽视他们的心理需求，家长并不是仅满足孩子的物质需求就可以了。

《美丽心灵》是一部改编自同名传记并获得奥斯卡金像奖的电影。影片是根据一位患有精神分裂症，但在博弈论和微分几何学领域潜心研究并获得诺贝尔经济学奖的数学家约翰·福布斯·纳什的故事改编的。虽然电影并非完全真实，但影片中主人翁忽视妄想的存在，继续努力工作和生活体现了森田疗法的宗旨。故事的原型——约翰·福布斯·纳什一直是数学方面的天才，后来却成了精神分裂症患者，此后他进行了多年的治疗，渐渐康复，并于1994年荣获诺贝尔经济学奖。就如约翰·福布斯·纳什一直有妻子和亲友的关爱，最后获得康复一样，如果我们对精神分裂症患者多一点关爱，少一点歧视，那么也将有利于他们的康复。

心理咨询是以协助他人提升学习、工作、生活、职业、恋爱的智慧，促进求助者成长为使命的工作，因此，希望更多人能正确看待心理咨询。心理咨询师有时要淡化求助者的心理疾病，不要随便给求助者贴标签。如果是严重的心理疾病，最好转介到医院进行心理治疗。

同时，也希望大家不要轻易相信网上或书上的一些心理测试，因为这些心理测试很多没经过信度和效度的鉴定，如果对其盲目相信，可能会背上心理包袱。有些本来正常的人，因为相信一些不可靠的心理测试，被测出了心理问题后，最后真的成了有心理疾病的人。

一个非常帅气的男孩，因为父母离异，从小和爷爷、奶奶生活。8岁后随外公、外婆生活，和他们的感情一般，无法融入他们的家庭。虽然他在外比较开朗，但回到外公、外婆家，他既内向，也不讨人喜欢。母亲外出打工，父亲和外遇的女人结婚生子，母亲对父亲充满仇恨。为了不让母亲伤心，他尽量不理睬父亲，不接父亲的电话。后来父亲认为他如此不讨人喜欢，就不给他寄生活费。母亲的抱怨也就更多了。

他感到很孤独，但又不愿意和外公、外婆沟通，而母亲一年也见不到几面。15岁的他敏感多疑，对人生充满困惑。他在网上做了心理测试，得出的结论是他得了强迫症，他的每项指标都符合网上测试的症状内容，因此他坚信自己是一个强迫症患者，于是打电话给母亲说出了他的担忧。母亲在外打工，便委托家人为他找个心理咨询师，最后来到我这里。

通过沟通和交流，我认为他没任何问题，不是强迫症。他只是青春期有很多的烦恼和纠结，比如上课容易走神、考试成绩不佳、记忆力不强、比较敏感而已，并没有明显的强迫行为或强迫思维。和他谈了一个多小时，他将各种困惑告诉了我，最后心情放松地回去了。因此，人们不要随便在网上做什么心理测试，不要因为不可靠的自测结果而坚信自己有心理疾病，或因此受到心理暗示，把自己吓出病来。

赣州四中48岁的刘某平校长因患抑郁症从教学楼七楼跳楼自杀。刘某平在他的遗书中写道：我爱社会，我爱赣州四中，我爱赣州四中的老师，我爱赣州四中的孩子们，我愿意为全体师生付出全部心血，可日益加重的抑郁症让我痛苦不堪，巨大的工作压力让我身心俱疲，我太累了，我想休息了……在天堂里我愿意继续做老师。

据警方初步调查，刘某平生前患有抑郁症。一个热爱教育事业、坚持8年在校门口朗读国学经典、坚持清扫学校男厕的校长，却被抑郁症夺去生命。这再次引发了人们对心理疾病的关注。

在我国，相比起心理疾病，多数人对生理疾病更了解，也更重视对其的治疗，但对心理疾病缺少重视。心理疾病预防大于治疗。加强心理健康知识的教育和普及，是预防心理疾病最好的途径之一。因此，学校应该开设心理健康课程，让更多人关注心理疾病，早预防、早发现、早治疗，那么像刘校长这样的悲剧也许就会减少。同时，精神疾病患者应主动进行心理咨询，尽早将一般的心理困惑通过心理辅导进行自我调适，这能减少严重心理疾病的发生。

作为普通人，我们不要歧视那些患有心理疾病的人，因为人们在不同的时间都可能出现不同程度的心理困扰，出现心理困扰并不代表心理不健康。心理正常与心理异常的区分是相对的，同一个人身上常常既有正常的又有异常的表现，没有所谓的健全人格或完全的心理健康。心理健康的人不是没有心理困扰，而是勇于面对自己的烦恼，积极有效地解决心理困惑，使自己向和谐、平稳的状态发展。

【延伸阅读】

爱治愈了她的精神病

江苏卫视《人间》栏目讲述了"死而复生的妈妈"这样一个故事，说的是大学刚毕业的吴长文，20多年来因为脸上一块无法修复的伤疤，而感到非常痛苦，毕业求职也四处碰壁，而这块伤疤竟是由他生母亲手酿成！父亲告诉他，母亲在他两岁时便已去世。

长大后吴长文意外得知母亲仍然活着。在《人间》栏目记者的帮助下，吴长文了解到事情的真相：母亲在怀孕生产后，精神病发作。一天停电母亲想点蜡烛，不小心点着了蚊帐。蚊帐上掉下一团火，烧在出生仅12天的吴长文的脸上。父亲闻讯赶来，抱起吴长文，但吴长文脸上留下了永久的伤疤。事后父亲迁怒于犯精神病的母亲，时常打她，致使母亲害怕、恐惧，最终离家出走。

犯精神病的母亲流落在外，被一位姓耿的农民好心收留，母亲便和这个农民一起生活。当吴长文的父亲找到她时，她已经怀孕了，于是二人离婚。此后，父亲给吴长文编造了关于母亲死亡的故事。母亲被收留后，得到这位姓耿的农民的善待，没有再犯精神病，一直像正常人一样生活。

由于害怕第一任丈夫还会打她，20多年来母亲一直不敢去看儿子。在记者的帮助下，母子相见。儿子长跪在母亲面前，泪流满面；母亲久久地凝视着儿子烧伤的脸，泣不成声……

人世间比陆地大的是海洋，比海洋大的是天空，比天空大的是宽广的心胸。因为得到现任丈夫的呵护和关爱，吴长文的母亲过上了正常人的生活，没有再犯病。她和现任丈夫过得很平静，有一个温暖的家和两个孩子。可吴长文的父亲因为吴长文的母亲是精神病患者，觉得脸上无光，又因其将儿子烧伤，便打骂她，致使吴长文母子分离，家庭破裂；也正因为他经常打骂、责备吴长文的母亲，才让其病情不断加重，最终流浪街头。

精神疾病患者如果得到社会的关心和爱护，配合医院的治疗，疾病可能会被治愈。当今社会，由于竞争压力或其他原因，人们也许会患有各式各样的精神疾病。精神疾病患者更需要家庭的温暖和照顾，事实证明，精神疾病患者如果能得到家庭的关爱，往往不会再犯病；而被家人放弃和抛弃的精神疾病患者常常流落街头，成为无家可归的人！

吴长文母亲的经历告诉人们：宽容和接纳的态度，可以帮助精神疾病患者恢复健康！因此，如果家中不幸有精神疾病患者的话，更需要给予患者来自家庭的支持和帮助。

"我想有个家，一个不需要多大的地方，在我受惊吓的时候，我才不会害怕。"家给了我们战胜困难和病魔的勇气和力量；家能让我们尽早走出黑暗，看见阳光！因此，家庭中的每个成员，对患有精神疾病的亲人要付出更多的耐心和关爱！只要我们不抛弃、不放弃，他们就有可能过上正常的生活！

心理疾病要以预防为主

江苏卫视《人间》栏目报道的"23岁爬行小伙求爱记"，说的是一个小伙子12年前突然不能行走，仅仅依靠爬行生活，甚至连上卫生间都要爬行。记者在调查中发现，小伙子白天爬行，但夜晚没人时，他居然能单独行走。最终在心理医生的帮助下，得知他8岁前的某一天，几个同学要他一起去老宅玩耍，他当时拒绝了，因为他听父亲讲过老宅很恐怖，可同学们不顾他的反对，将他推进了老宅，并提出比赛看谁能在老宅待最久谁就是最厉害的。

当他被同学推进老宅后，其他同学将老宅的门关起来。他一个人在里面非常恐怖。这时外面的同学一起发出很恐怖的尖叫，他被吓得趴在地上。后来，那帮同学不知什么时候走了，他被关在老宅里面，直到一个村民发现他，并将他送回了家。此后，他走路时听到有声音就感到恐惧，而且经常摔倒、摔伤。11 岁那年，他不能行走，只能爬行。也因此，他离开了学校，过上了躺在床上的日子。医生检查，他的身体没有任何问题，是心理问题造成他无法行走，只能靠爬行度日。

据南方卫视《人间真情》栏目报道，有一个女性求助者，从 13 岁开始，吃什么就吐什么，至今 10 多年过去了，她已经骨瘦如柴，只有几十斤的体重。她担心再这样下去，可能无法活下去了，于是向媒体求助，希望有人知道她这是什么病，盼望能早日康复。而在 13 岁之前，她能正常饮食，她不愿向人们提起她 13 岁那年的经历，于是人们也不知道那年发生了什么导致她无法正常饮食。

这两个故事，都是因为患者早期特殊的经历，造成他们今天无法拥有正常人的生活。对于精神疾病，早期治疗和预防非常重要。在我国，人们对心理卫生工作重视的程度不够，很多人对心理健康和心理卫生知识也知之甚少，甚至忌讳看心理医生。

江西卫视《传奇故事》栏目曾报道一个女人因为和丈夫离婚，就将一对儿女关在家中长达 20 多年，两个孩子被解救出来时，已是中年人了。这时儿子已经不会走路，女儿也无法正常生活。而这个女人之所以这样做，是为了报复和自己离婚的前夫，两个原本健康活泼的孩子成为他们婚姻的牺牲品。假如人们对心理卫生知识能有所了解，知道这个妇女有精神疾病，及早将两个孩子从母亲那里解救出来，他们就不至于 20 多年都在一张小床上度过，最终身心受到严重摧残。

我国的心理咨询机构设立源于精神病院，长期以来，需要心理咨询服务的对象都就诊于精神科门诊。因此，很多人认为心理咨询就等同于精神科门诊，就是看精神病，因而充满了恐惧和排斥。但精神科门诊的主要服务对象是患者，而心理咨询的主要服务对象是有心理问题的正常人。心理咨询师若遇到心理问题严重的求助者，需要及时转诊到精神科门诊处理。求助者早期只是一般的心理问题，如果不及时进行心理咨询，就可能发展为严重的心理疾病，甚至最终无法治愈。

在我国，很多人漠视自己的精神疾病，对心理咨询也非常忌讳，认为只有患精神病的人才需要救治，最终延误治疗，加重了他们的精神疾病。中国人的信条是"有病找医生"，而心理咨询的工作范围主要是心理亚健康，很多人没有心理咨询的意识和习惯，因此，心理咨询不能成为一种自发的需要。

传统文化强调慎独、自省，人们惯于依靠个人的自我调节来化解心理问题和障碍。对于大多数人，通过自我调节可以解决和缓解一些轻度心理困扰，但延误了对中等程度或重度心理障碍的治疗，就会加重病情。而有些人根本无能力进行自我调节，只能依靠专业人员的帮助才能解决心理问题。

因此，不要忌讳看心理医生或进行心理咨询。就如一般的生理疾病一样，不要等到病情严重才进行治疗，那会延误病情。心理疾病也一样，早预防、早发现、早治疗才能取得良好的效果，甚至有完全治愈的可能。

恋爱的心理困惑及其诊治

青春期孩子最大的困惑是恋爱问题。孩子到了青春期，渴望表达爱和传递爱，因而产生了恋爱的需求。一些有着传统思想的家长和老师总担心青春期孩子恋爱，一味地压制他们这种正常的情感需求，这反而可能助长他们的逆反心理，导致他们无法与恋人在阳光下交往，只好转入地下。由于缺乏家长和老师的正确引导，他们在面对单相思、告白被拒、三角恋、失恋、意外怀孕、人流等情感困惑或烦恼时不知如何处理，因此产生自责、自卑、报复等不良心态，有些学生甚至因为极度悲伤出现自杀等行为。

因此，如何正确面对恋爱的烦恼，恰当处理恋爱中的矛盾，妥善运用爱和拒绝爱的权利，在恋爱时做到互相尊重、不为难对方，恋爱后允许对方提出分手、尊重对方想要离开的决定等，这都是青春期孩子成长中需要学习的功课。

想要解决恋爱带来的烦恼，既需要青春期孩子的自我探索，也需要家长和老师的正确引导，必要时还要借助心理咨询师的心理辅导。

如果青春期孩子和家长的关系融洽，彼此之间能很好地沟通和交流，那么对于青春期孩子的恋爱，家长可以更好地理解和接受。假如青春期孩子可以在家长面前公开自己的恋爱关系，在家长的正确引导下，他们更能处理好恋爱时出现的心理困惑或烦恼，而且受到的伤害较小。假如家长和老师一味地反对他们恋爱，他们就可能更加逆反，甚至因为要避开家长或老师，恋爱时就表现得很隐蔽和小心，甚至躲到黑暗处恋爱，这可能导致他们悄无声息地发生性行为，造成怀孕等后果。

因此，家长和老师需要懂得青春期孩子成长的规律，尽早和孩子谈一些生理或性方面的知识，提醒他们自我保护，防范熟人或陌生人的欺骗或伤害。家长或老师越是能开诚布公地和孩子谈论恋爱方面的问题，孩子越会让大人放心，因为他们不用躲着、背着大人恋爱。这也将有利于家长和老师及时发现孩子恋爱中出现的问题，将恋爱中存在的困扰对他们的伤害降到最低。

当孩子开始恋爱时，家长和老师也不要过于紧张和担心。除了和他们谈一些自我保护常识和性知识外，还要让他们学会对自己的行为负责，既不要让自己受伤，也不要伤害别人，学会处理好失恋后的消极情绪。

现代社会很多孩子从小就被家长宠爱，很少有被拒绝的经历，因此有些女孩失恋后，尤其是那些恋爱时发生过性行为的女孩，会倾向于自杀；而男孩失恋后，常常想报复女孩。这都是不健康的心态，因为有恋爱就有分手，所以家长和老师要培养孩子爱的能力，让孩子学会承受分手的痛苦，懂得放下。

婚姻对人的一生非常重要，为什么不让孩子在成长过程中学习如何和喜欢的人交往？婚姻需要好伴侣，而通常伴侣会伴随人的一生。因此，为什么不开展婚恋方面的教育，让孩子学习如何寻找或成为好的伴侣？心理学界已把"早恋"改成"早练"，即提早练习和喜欢的人交往，也是为未来婚姻储备知识和提升恋爱的能力。

因此，我们不仅需要教孩子学习文化方面的知识，也需要和孩子讲恋爱、婚姻方面的知识。家长可以结合自己的恋爱经历，以一个过来人的身份和孩子谈谈爱情和婚姻，谈谈如何寻找一个合适的伴侣，如何和异性相处，如何面对失恋等。如果孩子们无法解决心理烦恼，也可以寻求专业人员如心理咨询师、心理医生的帮助，在他们的指导下，化解内心的痛苦，促进身心的健康成长。

13 暗恋

一个女生刚上大学时经常闷闷不乐。被一个刚大学毕业的男老师发现后，就向她伸出了援助之手，在班上的 QQ 群与她聊天，鼓励她开开心心地在大学里学习和生活。经过了一段时间，女生无药可救地爱上了这位年轻帅气的老师。

【咨询过程还原】

女生找我咨询时非常憔悴和痛苦，泪流满面，因为她知道老师不可能爱上她，她也不会表达这份爱，但她时时刻刻想着老师。

女生第一次离家外出读书，孤独无助、抑郁、痛苦，刚好又遇到年轻帅气的未婚男老师对她比较关心。老师经常帮助她尽快适应学校新的生活，这让她对老师更加依恋，直至患上单相思。

女生听了我的心理讲座后，主动到咨询室进行心理咨询，把她的痛苦说出来，希望得到帮助，尽早走出暗恋的痛苦。

【案例分析】

单相思又称暗恋，是指两性关系中的一方倾心于另一方，却得不到对方回报的单方面的爱情，或一方误以为对方爱上了自己，或明知对方不爱、不可能爱自己，却深深地陷入爱河。单相思是没有现实基础的无效追求，给当事人造成了很大的痛苦。这种单恋的情感越深，它所带来的痛苦就越大。

单相思最大的心理误区是把所暗恋的对象过分地美化，认定他（她）就是自己心目中的"白马王子""白雪公主"。但爱是相互的，是两颗心共同撞击产生的火花，不是一厢情愿的。

对于那些陷入单相思的人，当无法走近暗恋对象时，当对他（她）充满了各种幻想而倍感折磨时，不妨走进他（她）的世界，去了解他（她）；走进他（她）的生活，了解其家庭情况、恋爱经历、交友方式，慢慢地也许会发现，自己不可能成为他（她）生命中的那一部分。这样也许能慢慢放下那份感情，在心里默默地祝福他（她），但也不要因此认为自己有多么不堪，好像暗恋一个人是多么丢脸的事。爱一个人没有错，但要善于保护自己，也不要伤害对方，这才是爱得恰到好处！对于一份得不到的爱情轻率地表达，也许会伤害到彼此。不如静静地关注他（她），最终确信彼此即使没法拥有爱情，但还可以做好朋友！

【案例处理】

因为该女生是我所在学校的学生，她暗恋的人也是我校的老师，我对这位老师的情况比较了解，所以，我用认知疗法对女生进行心理辅导。首先，我肯定女生在青春期爱上一个人没有错，这说明她是一个身心健康的女生。我也以同理心体会她每日思念对方却又不能表达这份爱的痛苦，并感谢她对我的信任，愿意把隐私告诉我。

因为我对那位老师比较熟悉，所以我告诉该女生，那位老师已经有女朋友了，即将结婚。此后，我也提醒那位老师今后不要过于关心该女生，逐渐冷落她，以减少该女生对他的情感依赖。

最后我告诉该女生，希望她也和其他异性多接触，扩大她的交友范围，不要每天在 QQ 里等待老师和她聊天，让自己越陷越深。

【咨询效果】

我用认知疗法对她进行心理辅导，咨询效果较好。女生在得知老师即将结婚后，也明白这份爱不可能有结果。此外，很快有其他异性主动和她接触，让她在学校有了新的朋友圈，逐渐走出暗恋的痛苦。

【反思和建议】

中央电视台大型寻人节目《等着我》，讲过有关两个姑娘寻人的故事。一个姑娘在火车上偶遇心仪的男孩，对他念念不忘，于是开始寻找他；另一个姑娘在飞机上偶遇帅哥也无法释怀。终于，这两个男人都找到了。一个怀抱儿子、牵着妻子的手来到现场；另一个也是有妇之夫。两个在姑娘们眼里帅呆了、仅见了一面却无法联络的男人，身旁都已有佳人相伴。于是，她们选择了祝福！

我认为两个姑娘参加这样一个寻人节目挺好。虽然结果不是她们希望的，但至少她们知道了真相。因此，当我们对某人产生好感或单相思时，如果想大胆告白也可以，但要做好被拒绝的准备。

爱情在青春期是一种巨大的能量。即使表白遭到拒绝，也比长期压抑在内心、无法表达轻松很多，因为爱的能量若是无法正常转移，就会以其他不正常方式甚至以变态的方式转移，如我们身边一些单相思者的恋物行为都与其爱的能量遭受压抑后，不以常态方式表达爱意有关。

因此，适当的时候以某种方式表达自己的暗恋是正常的，因为暗恋会让人很痛苦，也会浪费很多时间和精力。如果准备主动表白，就要做好被拒绝的准备。如果没有承受被拒绝的能力，就不要表白。

在我的外甥女大学毕业的聚会上，班主任对班上的学生说："也许你们在大学四年的时间里，有很多压抑的感情没敢表达出来。明天你们即将各奔东西，这种未曾表达的感情可能一直困扰着你们，所以，今天你们可以向喜欢的人表达自己的爱，也允许对方拒绝你们。只要你们表达了，就没有遗憾了。拒绝他人时也要感谢对方的爱，不要因此歧视或讥笑对方。"那一天漂亮的外甥女收到了很多告白，但她也友好地拒绝了。同学们都没觉得不好意思，反而很开心。班主任给了他们这样一个互相交流的机会。在这样的氛围中，他们也不觉得被拒绝有多么伤心，也不会因为没有表白而留下遗憾。

爱和被爱都是一件让我们快乐的事！双方相识并不一定要有一个结果，也可能只是让对方知道你曾经欣赏或是喜欢、爱过对方而已！也许多年后，你会发现那个曾经暗恋的人，只是你美化后的理想对象，实际上并不一定适合你。

初中时我暗恋过同桌小金，也是我儿时的邻居。我们是小学到初中8年的同学。高中后，我搬家了，听说小金高中没有毕业，此后他又因打群架被抓进监狱。我非常想给他写信，鼓励他好好改造、争取早点出来，但不知怎样联系他。虽然我们失去了联系，但我时常想他。

再次见到小金是在他的婚礼上。那天我带着女儿去我的小学同学小颖家做客，发现那地方变化太大，我找不到小颖家，而小金家在附近，是独门独院，很容易找。于是，我找到小金家，看见他的妈妈，她告诉我那天是小金举行婚礼的日子，我觉得真有缘分，于是带着女儿参加了他的婚礼。

那年小金近30岁，新娘是一位20多岁年轻美丽的女子。那天小金穿着一身白色礼服，还是那么年轻帅气。婚礼后的第三天，他请我们初中同学聚聚。此后我才知道，在哥哥的帮助下，小金有了自己的公司，目前是一位成功的商人。

高中时我是班长，坐在我后排的男生小可，因为上课经常讲话，我便时常在班级日志里记录他的违纪情况，他因此经常找我理论，叫我不要记录。我们两个人成绩差不多，都是班上前六七名，也是非常好的朋友。小可很吸引人，班上有好几个女生喜欢他，他与其中两个女生有过爱情故事。

上大学后，我和小可的书信比较频繁，互相分享大学的一些事情，但并没有任何牵涉感情的话语。读了一年大学，暑假回家后，我决定写信向小可告白。那天我的一个女同学过生日，我把写好的信放在书包里，没有封口，本打算聚会结束后，我去寄这封信。但后来，我发现那个过生日的女同学的母亲偷看了我的信。我非常难过，也很生气，决定不寄那封信，并把信撕了。

之后，我和小可逐渐失去了联系。后来听说他在上大学期间有了女友。大学毕业后，他下海创办了公司，成为身价过亿的人。

高中毕业30年聚会，再次见到小可。同学们开玩笑说小可是少妇杀手。小可自信地说自己老少通吃，一副得意扬扬的表情。那一瞬间我明白，小可绝不是我这样一个普通女人可以驾驭的男人。

已经人到中年的我，回头再看看这两个我曾经暗恋的男生，虽然他们依然帅气、优秀，我也一如既往地欣赏他们，但我对他们已再无昔日的爱慕之情。幸亏当时那封信没有寄出，否则小可肯定拒绝我。估计他当时已经恋爱了，而那时的我，一定没有能力处理好被拒绝的情绪，甚至可能不敢再见到他。而小金也不适合我，因为我无法承受他喜欢自由又不受约束的生活态度。如果和小可结婚，我会为他的多金、多情、多姿多彩的社会生活而痛苦；而小金，我也会因为他自由不羁、不善于管理自己而纠结。

因此，曾经暗恋的对象，可能是我们美化的幻影，如果深入走进对方的世界，会发现他（她）或许并不适合我们。如果明白了这一切，我们也许就不会在暗恋的痛苦中越陷越深！

我再次强调，如果暗恋对方十分痛苦，可以尝试表白，但要做好最坏的打算，他（她）会拒绝自己。当然，如果对方接受自己，则是一个皆大欢喜的结局。

14　告白被拒绝后

　　小虎自杀未遂的消息很快传遍学校，因为很多学生看到他爬上6楼，站在楼梯的栏杆上被老师发现后及时救了下来。之后，小虎被学校遣送回家。小虎的父母经人介绍找到我，希望通过我的咨询帮助小虎走出阴影。

【咨询过程还原】

1. 第一次心理咨询

　　小虎告诉我，他性格内向，不爱说话，朋友不多。初中和高中均有过表白被拒绝的经历。小虎当时也痛不欲生，在家不吃不喝。好在几天后便恢复了正常，因为那时高中要毕业了，他和暗恋的女生不会再见面。

　　读大学后，他又暗恋过两个女生，表白后依然被拒绝，但他并没有那么痛苦。可这一次不同，因为他和小燕在同一个班。小燕和他无话不说，他也非常在意小燕的感受。无论做什么，只要小燕不高兴，他就不会做。小燕也把他当成最好的朋友，无论是恋爱还是分手，小燕第一个想到的就是和小虎分享。这种日久生情式的感情，让小虎对小燕非常依恋。当听说小燕和男友分手时，小虎觉得如果再不表白，小燕永远不知道他爱她。

　　可没想到，听到表白后的小燕非常生气。她说只是把小虎当成最好的哥们，从没想过发展为恋人。听了小燕的回答，小虎很意外，也非常后悔向小燕表白。于是，他问小燕以后他们还是哥们吗？小燕说连哥们都没得做。小虎听完很伤心。他希望小燕不要这么绝情，他对

— 87 —

小燕说："你这样说，我会让你后悔的。""你愿意怎样就怎样。"小燕如此回答后离开了小虎。

小虎没想到两人之间这么好的感情会毁于一旦。他越想越伤心，再次拨通小燕电话，希望得到小燕一句原谅他的话。他祈求着说："我们还做哥们，一辈子做兄弟好吗？""男女之间能做一辈子的好兄弟吗？你对我动了感情，让我很累。以后我们就是普通朋友。""你为什么不原谅我？""为什么要原谅你呢？"小燕挂了电话。小虎越想越伤心。这么多年，他一直很孤单，没有真心朋友，小燕是他唯一的知己，现在连这个知己也没有了。小虎想到自己都20岁了，没谈过一次恋爱，每次追求女孩都被拒绝，他感到很失败，越想越难过。在学校过了两天，他注意着小燕的一举一动，但小燕连看都不看他一眼，于是他冲出教室，爬上了6楼栏杆，呆呆地站在上面。他想临死之前给小燕打电话，可小燕不接电话。这时，老师发现栏杆上的小虎，冲上去把他拉了下来……

之后，老师叫小虎的父母到学校，让他们带小虎回家休息一段时间，等小虎想通了再回学校上课。

听了小虎的诉说，我首先肯定小虎爱一个人没有错，表达这份爱也无妨，遭到拒绝也很正常，但自杀行为会伤害家人和朋友，也会吓坏同学。于是，小虎说，他过去不知道自己爱上了小燕，只把她当成兄弟，但这次为了她有了自杀的念头。他相信小燕对他最好。同学欺负他时，小燕总是第一个站出来帮他，所以，他认为小燕是他遇到最好的女孩，不愿意错过了。小燕和男友分手后，他认为小燕喜欢他，否则怎么总帮他呢？我说，如果你认为自己爱小燕，对她还有很多话没有说，那么我走后，你也可以坦然地和小燕谈谈你的想法。但如果你向她表达爱意，你要做好她拒绝你的思想准备。如果不能承受被拒绝的结果，就不要给她打电话。

2. 第二次心理咨询

第二次，小虎不愿意咨询。通过班主任和家长做工作，他勉强答应再来试试。小虎说我走后，他又给小燕打电话，并说是心理咨询师叫他表白。但小燕告诉他，她不爱他，现在和男友又和好了。听到小燕的回答，小虎冲动地对小燕吼道："你给我滚！滚开！"这让小燕非常伤心和生气，因此，她不想再理小虎了。冷静后的小虎非常后悔，认为不该向小燕再次表白，而他把这一切归结于是受到我的鼓励。

作为心理咨询师，我应该谨慎对待小虎再次打电话给小燕的行为。我明知小虎如果给小燕打电话，一定会再次表白，而他没有做好被拒绝的准备。所以，我也反省自己，以后咨询时要更慎重地和求助者谈话。现在，小虎又受到打击，我只能继续和小虎交流。

我问小虎："小燕把你当成哥们，从没把你当男朋友，她认为你太软弱，想找一个能依靠的男朋友。你知道她不会爱你，可你还要表白。为什么呢？"

"如果不表白，我压在心里很难受。虽然我知道她会拒绝我，但说出来我感到很舒服，憋在心里我真的受不了。"

"既然如此，你为什么还后悔呢？"

"因为我又向她发火，惹她生气了。"

"你后悔是因为惹她生气了。如果不表白，你会怎样？"

"我会疯掉的。因为憋在心里更难受。"

"那你认为你更愿意怎样做呢？"

"我还是愿意向她表白。"

"可你向她发火了，又惹她生气了。你不是后悔了吗？"

"是有点后悔，但不表白我更痛苦。所以，我还是愿意向她表白。"

"那么，你现在不后悔向她表白？"

"不后悔。"

"那你为什么不愿意再次咨询呢？"

"老师，我没有心理问题。为什么你们认为我有心理问题呢？我很正常，我没有病，我不要咨询。"我终于了解小虎之所以拒绝咨询，是因为他不了解心理咨询。

"那现在，你为什么又同意咨询呢？"

"因为班主任说我对心理咨询产生了阻抗，爸爸又说你是来和我谈人生感悟，不是进行心理咨询的，说我听听你的建议，对我有帮助，我才愿意的。"

于是，我告诉小虎，我们每个人在不同的时期，都可能有无法解决的烦恼或困惑。心理咨询师对人生的看法会更全面一点，通过沟通和交流，会改变求助者一些不正确的观念，让其不再纠结于某些问题，客观面对人生的烦恼。我向小虎强调进行心理咨询的多数是正常人，如离婚的妇女、失恋的女生等，就像我们感冒发烧一样，正常人也需要进行心理咨询。

"老师，你这样讲我就放心了。我还以为你们都认为我有心理问题、不正常，所以我才不愿意进行心理咨询。"小虎开始很轻松地和我交谈。

然后，我给小虎做放松训练。我说："现在你想象有一道光从头顶射过来，照在你的身上，让你感到非常温暖和舒服。你以舒服的姿势坐着，闭上眼睛。现在开始深呼吸，用力地吸气，憋气，再慢慢地吐气。再来一次，吸气，憋气，吐气。现在你告诉我，最近发生了什么事，让你感到很伤心？"

"和小燕有关的感情的事。"

"发生了什么，你回忆一下。"然后，小虎把那一天的事又回忆了一遍。

"停留在这个点，我们再往前回忆，还发生了类似这样的事吗？"于是，小虎回忆他高中、初中追求女生被拒绝，再往前，回忆初中因为玩火造成火灾，小学被同学欺负，幼儿园被同学追赶摔破头等一件又一件让他伤心的事。回忆过程中，我让他自然地流泪。我不断给他递纸巾，一直用手拉着他。他好几次泪流满面。

在回忆过去所有伤心的事的过程中，小虎对伤害他的人从不责备和抱怨，他总是从自身找原因。这说明小虎是一个过度内归因、喜欢自责且很压抑自己的人，他太在意别人的感受。我根据小虎的回忆，对他进行了分析，希望他以后学着改变自己，不要凡事都内归因。

之后，我用了空椅子疗法，让小虎闭上眼睛，想象小燕坐在他对面的空椅子上，把他想对小燕说的话说出来。

小虎首先向小燕道歉，说不该对她发火，然后，又希望以后她照顾好自己，还希望她和男友幸福等。

我坐在空椅子上，扮演小燕的角色。我以小燕的身份对小虎说："发生这样的事，我很难过，但你这样做伤害了我。如果你跳下来会怎样？也许会死了，也许成为植物人或者残疾人。但不论哪一种结果，只要你跳下去了，理解的人或许不会骂我，但不理解的人还以为是我让你走上自杀的路。你这样做，我会讨厌你，讨厌你的自私、无情。你想过你的父母吗？他们快50岁了。他们会因为失去你而伤心，或因为失去你而离婚，还会因为失去你而恨我。你怎么这么自私？我知道这样说，你很不舒服。但这是我的真实想法。如果你爱我，为什么要这样对待我和你的父母？发生这样的事，我对你的感情也变了。以前我们可以做好朋友，现在我和你在一起有压力，会害怕。我知道你对我很好。如果你以后好好地活着，我会为你高兴。如果你回到学校，我们还是同学，但恢复不到以前的关系了。你要学会爱自己，才有能力爱别人。你连自己的生命都不爱，我不相信你有能力爱别人。如果你想通了，回到学校，我也希望你能勇敢面对发生的事。每个人都要对自己所做的事负责，我希望你是一个勇于担当的人。"我说话时，小虎闭着眼睛。我看见小虎的泪水不断流下来。之后，我让小虎睁开眼睛，也感觉到他心情放松了。

3. 第三次心理咨询

原本我希望第三次咨询，是小燕和小虎一起坐下来讨论发生的事，因为小虎最在意小燕。我给小燕打电话后，她告诉我这件事让她感到压力很大，不想和小虎单独见面。她给小虎发过短信，认为这件事只有靠小虎自己调整，没人能帮他。我认为小燕说的有道理，所以尊重她的决定。

第三次咨询时，我首先把小燕的想法告诉了小虎，希望他自己调整好。然后，我和小虎探讨亲人和朋友会如何看待他自杀这件事。我让小虎以旁观者的身份，想象他最亲密的人或朋友自杀后，他会怎么想。原本我希望小虎能发现自杀对亲人或朋友的伤害，从而意识到自杀是不负责任的。但小虎说，都是他不好，如果能更关心这些亲人和朋友，多和他们沟通，他们就不会自杀。于是，我只好引导小虎，如果自杀成功，会给家人带来怎样的伤害，一个人为了家人不应该自杀。最后，小虎承诺今后无论发生什么，他绝不会自杀。

然后，我给小虎举例。

案例一 一个报考研究生的考生误以为自己没有考上，并且之后找工作也遇到麻烦，自杀未遂后，他收到了研究生录取通知书。他很后悔自杀的行为，但已留下后遗症，他的嗓子沙哑了，不能正常说话。

案例二 松下公司因为电脑出错，导致成绩第二名的应聘者没有被录取。当他们发现后再次补发录取通知书时，那个人已经自杀身亡。松下幸之助的助理为此感到很可惜，但松下幸之助认为，这种不能经受挫折的人幸亏没有被录取。可见，自杀并不一定会被人同情。

案例三 我高考结束后，母亲问我考得怎样。我说可能考不上。母亲问我怎么不去跳河，可我想，如果我跳河死了，母亲会很难过。后来学校通知我去拿大学录取通知书时，母亲很高兴地陪我一起去。我想幸亏我没死，否则我母亲一定很后悔。因为爱母亲，所以我不会自杀。

我告诉小虎，如果他打算去学校上课，要勇敢面对同学不同的眼光，因为不是每个人都同情和理解他，同学中甚至可能有反感他的行为的人，但要坚强地面对。小虎说他能做到。

最后，我让小虎向父母承诺："亲爱的爸爸、妈妈，今生无论发生什么，无论经历怎样的挫折，我都不会自杀。"还让小虎表达对父母养育之恩的感谢和对他们的爱。小虎的父亲说，无论以后小虎发生什么，都要和他们说，他们会和他一起面对，解决问题。

【案例分析】

这是误把异性友谊当成爱情、告白后被拒绝，随即自杀未遂的案例。青春期孩子渴望爱情，产生暗恋情愫很正常。如果有勇气表白，需要做好被拒绝的准备，但有些孩子无法忍受表白后被拒绝，个别孩子甚至冲动地放弃生命。小虎性格内向，几乎没有亲密的同性或异性朋友，且小虎有过多次表白被拒绝的经历，这些痛苦的经历，让小虎更加自卑。另外，小虎是一个内归因的男生，把所有的过错都指向自己，容易自责，这是抑郁型人格的典型特征。由于缺乏青春期婚恋教育知识，他不懂得区别异性间的友谊和爱情，因而错把异性间的友情当成爱情。

【案例处理】

这个案例中，小虎一共进行了三次心理咨询，这是在小虎自杀后进行的危机干预。第一次和最后一次，小虎的父母也一起参与咨询，即家庭治疗。第一次咨询，我先向父母了解他的情况，然后对小虎进行了咨询。第二次是单独和小虎做咨询。最后一次，是先和小虎做咨询，然后让小虎和父母一起探讨关于自杀的问题。

由于小虎愿意进行心理咨询，而且也特别渴望倾诉，所以，他比较配合。小虎是学校的心理老师在征得小虎父母同意后转介给我的，因此，小虎父母对此也逐渐变得十分支持和配合。

【咨询效果】

在咨询前，小虎的母亲曾经反对小虎进行心理咨询。她说此前儿子也多次失恋，产生过自杀念头，但都能够自己调整，所以，不愿意花钱进行心理咨询。虽然我象征性地收取了几百元的咨询费，但小虎的母亲还是认为没必要浪费钱。我告诉小虎母亲，如果小虎不进行心理咨询，那么此后遇到挫折，还可能以自杀的方式处理问题。但通过心理咨询，他可能不会再采取自杀的方式，同时今后遇到其他重大挫折时，也会懂得珍惜生命，还知道利用社会资源帮助自己。渐渐地，小虎的母亲也支持他进行心理咨询。

通过三次咨询，小虎能较快地调整自己，此后回学校继续读书，毕业后顺利找到工作。老师们反馈小虎回校后，情绪比较正常，和同学交往也很正常。他的父母也反馈小虎参加工作后，生活比过去更加积极，心态很好，和父母之间的沟通、互动都比过去好多了。因此，咨询取得了很好的效果。

【反思和建议】

在第二次咨询时，小虎不愿意再次咨询。通过学校的心理老师做工作后，小虎才同意继续。通过交流，我了解到小虎认为有心理问题的人才需要进行咨询，而自己没有心理问题，所以不愿意咨询。另外，在第一次咨询结束时，我和他探讨，如果他想和小燕沟通，也可以尝试联系对方，但要做好最坏的打算。这似乎鼓励小虎主动和小燕联系，导致小虎又一次表白，再次受到伤害。我也反省这是自己在咨询时犯的错误，因为小虎刚被小燕拒绝，如果再次联系，他一定会很冲动，所以，我不应该鼓励他与小燕再次交流，在自杀未遂后的这段时间，小虎没有平静下来时，不适合与小燕联系。

　　此个案发生的时间比较早，当时很多人对心理咨询不够了解，误认为心理咨询的对象都是有心理问题的。实际上，心理咨询的对象绝大多数是有心理困扰的正常人，他们只是在某个特殊的时期，遭遇了依靠个人力量无法消除的困惑或不幸。

　　当我解释清楚后，小虎才放下包袱，主动配合进行心理咨询。学校可以开设心理健康课程，让更多学生了解心理咨询，不忌讳进行心理咨询。

　　学校开设心理健康课程是为了让更多的学生了解心理疾病，主动进行心理咨询，对于那些重度抑郁症等心理疾病患者，心理咨询也许能挽救他们的生命。特别是那些自杀未遂的人一定要及时进行心理咨询。专业人员能帮助他们尽快走出阴影，懂得珍惜生命。

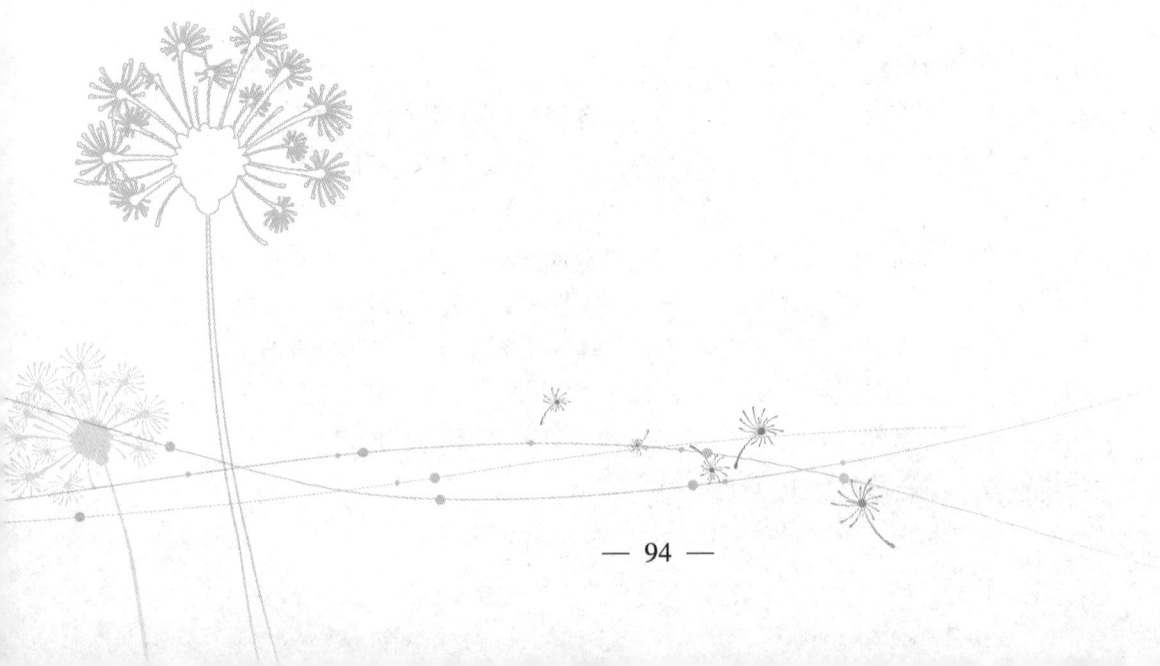

15   为爱内疚

男孩很痛苦，也非常内疚，无法从一段逝去的爱情中走出来，因此经常失眠、自责、悲伤。他和我谈起他的爱情故事。

【咨询过程还原】

14 岁的他遇到 13 岁的女孩，他们是邻居又是同学，有时在一起聊聊天。一次，两人坐在山坡下聊天，突然一声巨响，巨石从天而降，男孩本能地将女孩搂进怀里，然而男孩受了伤昏迷了。女孩叫来父亲和家人将男孩送往医院治疗。好在没什么大碍，但脱险后的他无法正常行走，那段特别的日子里，女孩说要背男孩上学。第一次，男孩没有拒绝，他想看看女孩是否真的会背他。女孩用力背起他，很艰难地走了一段路，最终男孩要求下地自己走路，因为他不忍心看着女孩如此辛苦。女孩搀扶着他进了教室。

此后，两个人的感情日渐加深，但还是小心坚持不越雷池一步。一年后，女孩要搬家，而且决定出去打工。临行前一夜，女孩把男孩约出来，她要把第一次给男孩，并发誓爱他一生一世，两年后会回来找他。此后，女孩举家离开。

分开后，男孩对女孩日思夜想，他前后收到女孩的两封来信。第一封信里，女孩告诉他，他们搬到哪里，她准备去什么地方打工。第二封则是分手信。男孩无法明白，女孩的感情怎么如此多变，他感到伤心、痛苦、不解、怀疑，男孩不再相信爱情，像变了一个人。

迷失的他无法相信这个世界，但又不能放弃对家庭的责任，因为单身的母亲还需要他的支撑。所以，男孩也不读书，外出打工去了。

四年里，他无时无刻不在恨着那个女孩。之后虽然有不少女生主动追求他，但他都无法投入感情。

四年后的一天，他被女孩的父亲请到女孩的身边。在那个孤零零的坟前，男孩知道了真相。四年前，女孩发生了车祸。她知道自己将不久于人世，于是，她另外给男孩写了第三封信，委托父亲四年后寄给男孩。父亲没有把这封信寄给男孩，而是把他带到女孩的坟前。

此刻他明白了女孩为什么说分手。四年的仇恨瞬间化成了后悔、内疚、自责。这种无法解脱的痛苦一直持续到如今，让他经常失眠，无法正常生活。男孩无法从痛苦中走出来，四年的仇恨，源于不了解的真相。这样一段刻骨铭心的爱情故事，对于年轻的他是多么沉重的伤痛呀！男孩找到我，希望帮助他走出痛苦和纠结。

【案例分析】

这是一个真实感人的爱情故事。一个自以为被恋人无情抛弃的男孩，还只是一个懵懂的少年，怎么能想到心爱的女孩发生了变故？又怎么会怀疑女孩是善意欺骗了他，不想让他知道自己即将死亡？

十四五岁是一个爱情观非常单纯的年龄，怎么可能今天还海誓山盟，明天就说分手？尤其是一个已把身体交给对方的女孩，更不会轻易地分手。如果男孩当初能向成年人讲述自己的情感遭遇，他们或许会让他去看看女孩到底发生了什么，是否因为什么意外女孩才写了分手信。这样，就不会让一颗仇恨的种子整整陪伴了男孩四年。而四年后的真相，又让一个痴情的男孩无法原谅自己的粗心，从此埋下一个心病。

【案例处理】

疏泄疗法是最常用的心理治疗方法之一。疏泄即疏导、宣泄，是我们日常生活中保持良好心境的重要方法之一。具体方式有争吵、喊叫、倾诉、运动等。其基本原则是让求助者将心中积郁的苦闷或思想矛盾排解出来，以减轻或消除心理压力，避免精神崩溃，并能较好地适应社会环境。疏泄疗法不但对神经官能症、心因性精神障碍、不良情绪反应等精神疾病有较好的疗效，而且对心身疾病与正常人的心理问题也有相当大的帮助。

当人们遇到这样或那样的创伤、挫折或打击后，会因为心理、生理反应而心跳加快、血压升高、胃酸分泌增多、植物神经功能紊乱，因而产生高血压、消化性溃疡等一类心身疾病，也可能由于焦虑、恐惧、抑郁、自责、内疚、愤怒等情绪因素而引发神经衰弱、焦虑症、抑郁症等精神疾病。而在受到各种精神创伤或刺激后，有的人会生病，有的人却不会生病，这主要看他们对这些负面精神刺激能否正确对待与排遣。人们发现，凡是能够正确对待并善于排遣不良精神刺激的人，绝大多数都能保持心身健康而不生病。相反，总是积郁于怀或过分自我压抑、自责、内疚的人，不但患高血压、消化性溃疡等疾病的概率较高，而且患各类精神疾病的概率也比正常人高出数倍。所以，让人们将内心积郁的各种心理因素疏泄出来，是维护人们心身健康的重要原则之一。

在我国，男性往往不善于倾诉或表达自己的情感，而长期压抑的结果可能会产生更加严重的心理问题。因此，对于这个个案的处理，我采用了疏泄疗法中的倾诉方法，让男孩将他心中的委屈、压抑、内疚、自责统统说出来，我则认真倾听。

男孩前来咨询时，这件事已经过去多年。他用了较长时间介绍他的爱情故事和家庭情况。由于家庭贫困，他为了照顾多病的母亲和不懂事的哥哥，独自承受沉重的家庭负担。父亲当初坚决反对母亲生下他，因此和母亲离婚，他从没见过父亲。男孩非常敏感、自尊心很强。当他读了女孩的分手信后，无心读书，选择外出打工。他非常努力，知识的缺乏促使他在挣够钱后，重新选择进入学校学习技能，但挥之不去的初恋，让他无法再次投入爱情。

男孩非常喜欢写作，所以，我建议他通过写作的方式表达对女孩的思念，也让他原谅自己。我告诉他，十四五岁这样单纯的年龄，不会想到女孩因为发生意外才写分手信，所以，可以理解他当初对女孩的恨，我建议他再次到女孩的坟前和女孩做一个告别。因为从他19岁去过女孩的坟前到现在，又经过了五年，用了这么长的时间为此痛苦和伤心，总得好好和女孩做一个告别，才能开始新的感情生活。相信如果女孩爱他，也会希望他幸福，祝福他能再次拥有美好的爱情。

【咨询效果】

男孩渴望倾诉这份特别的爱情，所以让他自述就是一种治疗。很多的烦恼或痛苦，在说出来的时候往往就好了一大半。同时，他爱好写作，可以把这个爱情故事写下来，以此纪念他们的爱情，并到女孩的坟前做一次告别，把对女孩的爱埋藏在心里，开始新的生活。两年后，他重新恋爱了，虽然不知道未来如何，但他愿意接纳新的爱情，本身就是一种进步。

【反思和建议】

十多岁的初恋，美好而单纯，但因为缺乏经验，所以当接到对方的分手信时，往往会以为对方的感情发生了变化。他们不知道十多岁的爱情非常纯洁，如果某一天对方突然做出让你无法相信的事，可能事出有因。

这个故事也提醒年轻人，当爱情发生变化时，不要独自承受痛苦，可以和亲朋好友探讨这个爱情故事，也许成年人能给予更好的建议。如果不想和身边人探讨，也可以寻找学校或社会上的心理咨询师的帮助，通过他们专业的分析，年轻人会收获经营感情的经验和智慧。

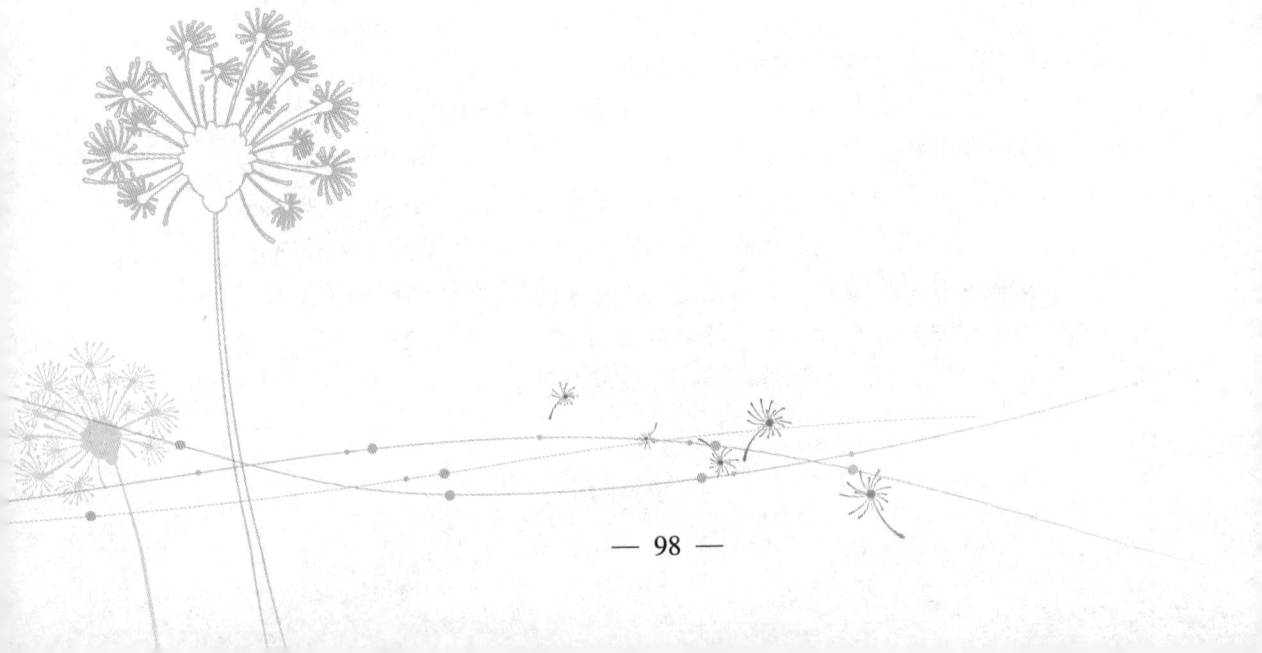

16　三角恋

2010 年 12 月 7 日，有电话通知我赶到某技师学院。学生小帅因为情感问题于前一晚从 5 楼跳下，给其他学生造成很大的恐慌，现在需要我给这些学生做心理辅导。

由于事发突然，我无法了解小帅为什么跳楼，只知道他昨晚从 5 楼跳下，刚好摔到 1 楼的平台上，由于平台离地面还有 0.5 米，所以跳楼的高度缩短了一点。事发当晚 10 点多，该校保卫科人员在锁教学楼的大门时发现 3 楼只有小帅一个人在教室，便催促他快点回宿舍。小帅说还有一点作业要做。保卫科人员看他是一个很乖的学生，便告诉他等下再来锁门。接着，保卫科人员下楼将此事报告给了值班领导。值班领导说，我们去叫他下来。等他们回到教学楼时，发现小帅已经趴倒在平台上，鲜血直流，于是保卫科人员拨打 110 报警，又叫了救护车将他送到医院。然后，派出所将小帅的一些个人物品收走，小帅跳楼时只穿了一件短袖衣，没有穿外套和鞋子。

经医院检查，小帅有 8 处骨折，手、脚和盆骨多处受伤，人还处于昏迷之中。当晚学校立即打电话通知小帅的家长，他们最初不相信，还以为是骗子，因为小帅当晚还给家里打过电话，告诉他们自己很好，叫他们不用担心。

【案例分析】

处于青春期的孩子，最容易为情所困。但生而为人，如果我们还有牵挂和责任，就不该放弃自己的生命。这件事发生后，很多人来找我，告诉我他们在生命的某一刻也有过自杀的念头。

一个已婚的朋友告诉我，一次她和丈夫吵架后非常痛苦，很想自杀。可在下决心自杀时，她想到年幼的女儿。她说丈夫脾气不好，如果她死了，女儿一定很可怜；又想到她的父母，那么辛苦养大她，现在日子刚好一点，如果她死了，父母肯定很伤心。这样一想，她决定为了家人好好活着。

人的一生中总会遇到一些一时无法克服的困难或挫折。

孩子们在幼儿时期，不会有自杀的念头。但青春期孩子，尤其是经历了感情的苦恼和挫折，最容易发生自杀事件。而且相比男孩，女孩的青春期来得更早，所以，家长和老师都要及时和他们强调珍爱生命的重要性。

在我女儿十几岁时，我经常告诫她，这一生无论遇到什么难事，多想想爸妈的爱和牵挂。女儿对我说："妈妈，您放心，我会爱惜生命。我不会为了感情问题自杀。"

恋爱时，要学会爱自己。只有先爱自己，才有能力爱别人。特别是学会爱惜自己的生命，这是我们人生不可缺少的一堂课。

在我做咨询时，经常遇到女生失恋后很痛苦，甚至想自杀的情况。尤其和男友发生性关系或怀孕流产后再分手，女生常常想不开。有些女生或能主动找到我，或和其他女同学谈心，经过老师或同学的劝导，她们往往不会主动放弃生命。因此，在面对挫折或失恋时，要善于利用社会资源帮助自己，如主动寻求老师或心理咨询师的帮助。

而男生如果在年龄较小时开始恋爱，加上家庭缺乏关爱的话，他们就可能因为失恋而自杀。如某些男生初中时开始恋爱，便将全部的情感寄托在女友身上，一旦女友提出分手，他们往往会比较偏激，因为男生往往羞于谈他们的烦恼。尤其被女友抛弃后，觉得没面子，更不敢和其他男同学说。他们将失恋的痛苦埋藏在心中无法解脱，从而可能做出毁灭自己的举动。

这些男生和家长极少沟通。家长管教很严厉，不允许他们恋爱。所以，这些男生失恋后得不到家长和同学的安慰及引导。即使学校有心理咨询师，他们也羞于主动求助，最终可能发生自杀的行为。所以，家长和老师要多关注失恋的孩子。家长对孩子恋爱的正确理解和引导，往往能帮助孩子走出失恋的困境。

从经由我进行咨询的案例来看，初中生谈恋爱比较容易出问题，因为他们的年龄太小，很难承受挫折和打击，也不懂怎样经营爱情，往往把爱情当成生命的全部。高中生相对来说成熟一些，即使失恋，也能和朋友、同学沟通，因为这时谈恋爱的学生多了，他们之间可以互相交流。初中生谈恋爱的较少，因为家长和老师的反对，他们往往会偷偷恋爱，这样很容易因缺乏正确引导而发生亲密行为。而且他们的眼中只有对方，一旦失恋会大受打击。因此，家长和老师要密切关注初中学生，引导他们正确对待爱情，学会爱惜自己的生命。

恋爱也是孩子成长中的一门功课，家长和老师应该也有过类似的恋爱、单相思、失恋的经历，那何不坦然和孩子交流呢？家长理解他们，他们就不必背着家长谈恋爱，就不容易出问题。

【案例处理】

1. 第一次对小帅班上全体同学进行心理辅导

12月7日上午11点20分，我赶到小帅的班上。学生昨晚得知消息后非常惊讶，因为昨晚上课时小帅和大家一起还很开心，没想到他会突然跳楼，很多女生都哭了。

我告诉学生，小帅仍处于昏迷状态，大家都期待他尽快苏醒过来。发生这样的事，我们都很难过，那么现在，愿意的同学可以上台讲讲此刻的心情和对小帅的牵挂。

于是，一些学生陆续上了讲台，他们说小帅为什么这么傻，真不知道是什么原因等。一些学生则开始回忆前一天和小帅在一起的各种事。一个女生很内疚，因为当晚小帅叫她去吃饭，但她没去。大家都在分享自己的看法，也述说着各自的心情。

我对学生说，现在我们暂时不去猜测他为什么这样做，我们首先要接受这样的现实。这几天如果大家有时间，可以轮流去看望或照顾他，期待他早日醒来。由于到了午饭时间，我便没讲太多。有几个学生特别伤心，我让他们吃过饭后，可以找我单独谈谈。

2. 对小帅班上个别同学进行心理辅导

午饭后，几个女生来找我。

小叶告诉我，昨天下午6点钟，小帅发短信给她说请她吃饭。因为她已吃过晚饭，就说不去，还说晚上送他一瓶牛奶，以及还钱给他。晚自习时，小叶没看到小帅，就将钱和牛奶给了小帅的好友小梅，让她转交给小帅。晚自习后，小叶找到小帅，还隔着教室的玻璃和他做了几个手势，大家都很开心。当晚10点12分，小叶收到小帅的短信，小帅让她照顾他的好友小梅，否则就不原谅她。收到这条短信，小叶感到很奇怪，问小梅，小帅出什么事了？小梅说没有，她晚上上课时还和小帅坐在一起，班主任也坐在旁边，当时小帅很正常。于是小叶打小帅的手机，但没人接听，然后她又给班上男生打电话。他们说小帅没回宿舍。于是，她们想出去找小帅，走到宿舍1楼时，听说小帅跳楼了。她们感到不可思议。小叶很自责，后悔当初没答应和小帅一起吃晚饭，小帅一定有话要交代她。现在大家又十分担心小梅，因为小帅交代她们要照顾好小梅。小帅出事后，她们怕小梅受不了，担心她发生意外。本来学校安排我和小梅谈话，她原本也同意了，但刚才小梅打电话过来说，她不来了。

事后她们回忆，小帅当晚和另一个已经工作了的同学吃饭，把他的银行卡交给了那个同学，并把密码告诉了他，嘱托他将来赚了钱要照顾小帅的家长。这时，大家才反应过来小帅可能早已做了决定。小帅分别于昨天下午3点和5点在班上QQ群里发了信息，其中有一句是"我是不是该安静地走开"。当时有同学问他怎么了，发生了什么事，为什么说这种话？小帅没有正面回答问题，因此大家也没特别在意。现在联想起来，大家觉得小帅之前已有自杀的征兆。

我先安慰了这几个特别伤心的学生，告诉她们不要太内疚，因为她们也没经验，没想到发生这样的事。即使有经验，有时也不会往这方面想，所以不要太自责。

3. 对小帅喜欢的女同学小梅进行心理辅导

我去找那个叫小梅的女生，因为她和小帅关系不错，我有点担心她的心理状态。他们来自同一个村子，又是高中同学，如今已经同窗5年。小帅一直对小梅很好，高中时曾经追求小梅，但小梅拒绝了他，接受了班上另一个男同学的求爱。如今小梅是否已和男朋友分手，同学们不知道，只知道小帅对小梅一直挺好的。

小梅在宿舍睡觉，满脸疲惫。我让她躺着说话就好，她几乎不说话，很冷静。她说不知道小帅为什么选择自杀，应该是个人心态问题吧。我担心她因此事感到压力。小梅说她是家中的长女，能调整自己，不需要别人的帮助。我说，不论小帅为了什么自杀都是他自己的决定，请她不要因此有压力。她叫我放心，她不会的。

小梅自我保护意识很强，不想过多交谈或涉及一些敏感话题，所以我也不勉强她。我叫来其他同学陪她，之后我就先走了。我们一直安排人陪着她，因为担心她想不开。

4. 第一次对小帅进行心理辅导

在等待小帅苏醒的日子里，每个人都非常担心。医院每天都传来好消息，小帅的意识一天天清晰起来。直到星期天（事发六天后）下午我去医院看他时，他已经能开口讲话了，也能认出人，叫出他们的名字。于是，我开始和他谈话，给他讲一些励志故事。

因为小帅看起来很累，所以我不想讲太多。我告诉他，如果太累了不想听，那我就不讲。可他一直睁大着一只眼睛听我讲，因为另一只眼睛被缝了近十针，不能睁开。但我看他还是挺累的，伤口似乎很疼痛，所以和他讲了一个多小时后，我就走了，让他好好休息。

5. 第二次对小帅班上全体同学进行心理辅导

第二周的星期一，距离小帅出事已过去整整一个星期，在升旗仪式后，学校领导简单地讲述了上星期一晚上发生的意外，因为之前学校对此事一直没有公开谈论，学生对此有很多猜测，所以，学校领导特地将真相告诉学生，以免他们继续猜测。学校领导表示，小帅从楼上摔下的原因需要由公安部门做出鉴定，现在小帅状态很好，完全清醒了，等身体恢复后会继续做手术，让学生们安心。

下午我去小帅的班级上班会课。早上我对班主任说要布置一间教室，把小帅坐的椅子搬过来，让每个学生对小帅说一下祝福的话语，再把整个过程用摄像机记录下来。于是，小帅的同学早上抽出时间买了彩色气球等将教室布置得很温馨，女同学们还折了很多千纸鹤和满天星。下午，我准时到了小帅所在的班级。首先向学生报告了我去医院看到小帅的情形，并把我和小帅的谈话内容告诉他们。我说小帅的神智已经完全恢复，叫他们不要担心。当天中午，也有同学去看过他，他也能认出每个人，还和他们开玩笑。

然后，我提议每个人把想对小帅说的话说出来。我们把那张小帅坐过的椅子拿过来，想象小帅坐在那里，他能听到我们说的话。教室的黑板上写满了同学们对小帅的祝福。于是，从小帅的班主任开始到其他任课老师以及所有同学，都对着摄像机表达了对小帅的祝福和牵挂，希望他早日康复，回到这个大集体。这期间，其他班级的学生知道有这个主题班会，也精心准备了礼物送给小帅，表达了他们对小帅的祝福。因为小帅是学生会的成员，所以学生会的领导也对着小帅的椅子，表达了同样的祝福。

之后，我建议给小帅唱几首歌。于是，全体人员一起拍着手唱了《朋友》《阳光总在风雨后》《感恩的心》等歌曲。最后，有一个学生唱了一首小帅最喜欢的英文歌，整个录像就此结束。我让学生在下次去医院看望小帅时，将大家为小帅制作的礼物以及录像带送给小帅看，增强他治疗的信心和积极生活的勇气。

录像拍完后，我让学生留下来，给他们讲述那天我在医院看到小帅的父母和其他亲人时的情景。我告诉学生，离开医院时，我看到医生和护士都在为小帅忙碌着，每个去看小帅的领导和老师都很伤心，但最难过的还是小帅的父母和亲人。我们的生命是父母赋予的，我们没有资格也没有权利擅自选择结束自己的生命。

人一生不能做两件事，自杀或杀人。虽然我们不知道小帅的身上发生了什么事，但结局是他从楼上摔下来，造成全身多处骨折。虽然很幸运，大脑还清醒，但整体状态无法恢复到从前。无论是对父母还是对他本人来说都是巨大的伤害。谈到动情时，我对学生说，我的女儿和小帅差不多大，我女儿19岁，小帅20岁。自女儿懂事起，我就告诉她无论发生什么，都不能放弃自己的生命。因为孩子健康活着是父母最大的心愿。

最后，所有的学生举起右手宣誓，跟着我读："亲爱的爸爸、妈妈，今天，我在这里慎重地向你们发誓：这一生无论遭遇怎样的打击、怎样的挫折、怎样的不幸，即使失恋、失业、经济困难、被人欺骗、受到侮辱，我也绝不放弃生命，因为我的生命是你们给的。我没有资格也没有权利擅自选择放弃生命。这一生中，我将对生命充满敬畏和尊重。爸爸、妈妈，我感谢你们给予了我宝贵的生命，我会更爱惜自己的生命。2010 年 12 月 13 日。"

我对学生说，今天，在教室里有这么多老师和同学见证我们的承诺，将来在人生旅途中，当遭遇不幸或是无法跨越的难关时，请回忆起这一刻所做的承诺。要相信任何问题都有解决的办法。最后，同学们在掌声中结束了这一堂"生命教育"的主题班会。

6. 第二次对小帅进行心理辅导

之后，小帅的同学们在班主任的带领下，带着亲手制作的礼物去看小帅。当看到录像时，小帅很开心。小帅已经做了第一次大手术，手术进行了八个多小时。我去医院看他时，已经是手术后的第三天，他很疲惫，但还能开口说话。他的好友小梅也一直在医院和小帅的家人一起照顾他。看到小梅陪伴在自己的身边，小帅的心情很好。但下学期小帅无法再上学了，小梅也决定不读书了。

咨询时，小帅告诉我：他和小梅是高中同学。他非常爱小梅，高中时追求过她，但被拒绝了。后来，小梅和同班另一个男同学恋爱了。高考后，他们三人都没考上理想的大学。之后，小梅和小帅一起来到同一所技师学院读书，小梅的男朋友则选择外出打工。

因为在同一所学校读书，所以两人感情越来越深，小梅接受了小帅的再次追求。于是小梅向在外地打工的男朋友提出分手，但男朋友不同意分手。在这场三角恋中，小帅非常痛苦，他深爱着小梅，却无法和她正常恋爱。小帅在痛苦中纠结，最终选择了自杀。如今落下身体残疾，他也非常后悔，觉得很对不起家长。

在小帅住院期间，小梅承诺今后要照顾小帅一生，并因此退学。但她的想法遭到家人反对。最终，她选择退学外出打工，离开了小帅。

住院期间，小帅的父母非常悲痛和伤心，这让小帅非常后悔自杀。小帅是独生子女，经咨询后，他承诺为了家人，今后无论发生什么，都会爱惜生命，好好活着。

事后，派出所的鉴定结果为小帅系自杀。学校从人道主义出发，主动承担了小帅住院期间的所有费用。经过多次手术，小帅虽然恢复较快，但终生将在轮椅上度过。

【咨询效果】

在这个个案中，我既需要对小帅进行心理咨询，也需要对小梅进行心理咨询。因为小帅的自杀与他和小梅的感情纠葛有关，我担心这会对小梅造成压力。但小梅的自我保护意识非常强，不愿意与我交流。因此，我无法给予她更多的帮助。

小帅是学生会干部、班干部，和同学关系很好。他的自杀行为也给学生造成了很大困惑，所以对小帅班上同学及时进行危机干预十分必要。因此通过开展讲座，进行团体心理辅导，取得了比较好的效果。

由于后续的治疗和恢复时间还很长，而且小帅家在异地，因此，住院治疗一个月后，父母提出带小帅回家进行后续治疗。虽然小帅今后会坚强地活着，但身体的残疾会给他的生活带来很大的不便，盆骨粉碎性骨折将使他终身依靠轮椅生活。

【反思和建议】

小帅的极端行为是因为他无法处理好三角恋的痛苦，因此学校和家长应提前对孩子进行情感指导。

2017年9月18日，共青团中央联合民政部、国家卫生计生委共同制定并下发了《关于进一步做好青年婚恋工作的指导意见》（以下简称《意见》）。《意见》指出，恋爱成家是青年的人生大事和普遍需求。做好青年婚恋工作，不仅直接影响青年的健康发展，也关系到社会的和谐稳定。《意见》要求加强青年婚恋观、家庭观的教育和引导，培养诚信度较高、适合青年特点需求的多样化青年婚恋服务项目，开展青年性健康教育和优生优育宣传教育，不断优化完善青年婚恋生育相关政策，推动青年婚恋观念更加文明、健康、理性，青年婚姻家庭和生殖健康服务水平进一步提升，青年相关法定权利得到更好保障。

因此，《意见》提出加强对专兼职心理咨询师和婚恋咨询、婚姻调解等社工队伍的培训，提高青年婚恋咨询和指导的可及性和专业性服务，通过线上咨询、婚恋讲堂、面对面沟通等多种方式，帮助青年解除思想压力和心理困惑，提高青年社会融入、情绪管理、情感经营能力，引导青年端正择偶观念和家庭观念，开展青年性健康、婚前保健和生育知识的教育宣传，促进青年生殖健康水平进一步提升。

推动有条件的学校推广性健康和婚前保健课程，加强性教育和婚前保健服务师资队伍建设。有条件的学校还可以通过开设婚恋指导课，对适龄青年开展相关的教育和培训，让他们懂得在适当的年龄做适当的事：该恋爱时恋爱，该结婚时结婚，这样大龄未婚男女的数量就会减少。而婚前培训、持证上岗活动的开展，会帮助新婚夫妻降低结婚的盲目性，成为经过培训后的年轻家长。这样一来，拥有幸福的婚姻和美满的家庭将是我们可以实现的梦想！

17　分手后的自责心理

30 多岁的芳芳前来我处咨询。芳芳已婚，和丈夫的感情很好，还育有一个儿子，家庭很幸福。她和丈夫是大学同学，彼此无话不谈。可她一直有个心结无法打开，也将这个心结告诉过丈夫，但丈夫认为没必要再去管那些已经过去的爱情故事。

【咨询过程还原】

芳芳告诉我，高三那年，曾有一个男生追求她。男生是另一个班的学生，她并不喜欢他。但为了不影响他高考，她答应了他的追求，并和他约法三章，即彼此不见面、不聊天，且不能影响对方的学习。男生做到了，高考结束时，她没考上大学，男生考上了。她提出分手，但男生无法接受。在暑假的同学聚会中，男生找到了她，一直紧紧地将她的手拽着，她使劲地想抽出自己的手，但无奈对方力气很大。她不知他要干什么，感到很恐惧。男生一直微笑着看着她，那眼神让她害怕。突然，男生卷起衣袖，在他的手臂上有一个用刀刻的很大的"心"形图案，里面刻着一个"芳"字。看着明显的刀印和鲜红的伤口，芳芳吓坏了。她哭着挣脱逃跑了。此后，她再也不想见到他。他们失去了联系。

芳芳一直认为自己是个坏女孩，明明不爱对方，却接受对方的表白。那些刀刻的图案和文字，对男生未来的生活该有多么大的影响。这件事让她从此对那些自虐的男生特别恐惧，总觉得那一把刀像刻在她身上，从此在她的心中留下了阴影。她认为是自己毁了那个男生的生活。后来她听别人说那个男生的婚姻不幸福，和妻子经常因为手臂上的印痕吵架，最终离婚。以前，那个男生还经常光顾她的 QQ 空间，后来再也没来过。从此，朋友圈中没人知道他的消息。她有一种担心和恐惧，不知他是否还活着，但又不敢去找他。

在芳芳高三复读的日子里，相同的故事又发生了。另一个男生向她表白，同样出于害怕拒绝对方会影响他的高考，所以尽管不喜欢，芳芳还是答应了他。仍旧是约定不能见面、不能影响彼此学习，男生做到了。这一年，他们考上不同城市的大学，她如愿考上一本，男生考上二本，她再次提出分手。开学后不久，男生找到她所在的大学，告诉她自己不读大学了，要在这个城市打工。她问为什么，男生说他不适应大学生活。芳芳很无助，她打电话了解对方学校各方面的情况，并不像男生说的那么不堪。她只好找到男生大学的班主任，班主任不知用了什么方法，让男生回去读书了。

后来两人虽然分手，但一直还有联系。直到一天，芳芳恋爱了，她把这个消息告诉了对方。谁知，他立即赶到芳芳的学校。芳芳和新男友一起去见他。他对着芳芳的新男友就是一拳，芳芳的男朋友立刻受伤流了血。芳芳吓坏了，她向学校的保安求助，最终男生被遣送回去。

此后，他们再没联系。芳芳结婚后，听说他也结婚了，但婚姻不幸福，最终那个男生离婚了。离婚后的某一天，他在芳芳的 QQ 里留言，希望能见芳芳最后一面。由于恐惧，芳芳告诉了丈夫，但丈夫说不要再见面了。此后，那个男生从芳芳的生活中彻底消失了。

芳芳很恐惧，她不知道这两个男生是否还活着。她问丈夫是否要打听一下，丈夫说不要了，因为丈夫担心如果他们已经离世，芳芳受不了。

但这个心结让芳芳很痛苦。谈起往事，芳芳泪流满面。她认为自己是罪人，如果她当初没答应他们的求爱，也许他们就不会这样走极端。她原本答应和他们恋爱，是为了不影响他们高考。可最后，她影响了他们的一生，甚至有可能导致他们失去生命。芳芳为此很纠结、很痛苦，不知该怎么办。她把那两个男生婚姻生活的不幸归结于自己当初答应和他们恋爱。直到现在，她也不知道他们是否还活在世上，又不敢去求证。

【案例分析】

芳芳分别于高三和复读期间，遇到两个男生的追求。出于善意，芳芳答应做他们的女朋友，但约法三章，不见面、不聊天、不影响高考。直到两次高考结束，她分别提出分手，但两个男生均无法接受。一个因此在手臂刻字，导致芳芳留下心理阴影；一个甚至不想上大学，希望能守住芳芳。但最终他们都没有留住芳芳，因为她没有爱过他们。

此后他们各自都有了婚姻，但均不幸福且都选择离婚。曾经他们还会光顾芳芳的 QQ 空间并留言，但最终两人都失去了消息，同学也不知道他们是死是活。这让芳芳认为，是她造成了他们婚姻的不幸，甚至有可能是她导致他们"自杀"。

这是因为芳芳没有处理分手的经验，也不懂得如何面对分手后失控的前男友而导致的。最终她把前男友婚姻的不幸、莫名的失踪都归咎于自己的原因，并因此自责、内疚、恐惧。她既担心他们自杀，但又不敢求证，因为她不敢面对这样的结果。

【案例处理】

我告诉芳芳，她当初答应和他们恋爱，是出于善意，为了不影响他们高考。至于他们做出极端的行为，那是他们自己的选择，是他们自己对生命不负责任，和芳芳没有必然的联系。也许遇到另一个女孩，他们也会做出这样的行为。芳芳当时也只是一个十多岁的青春少女，没有那么多的智慧以及经验去处理分手后的烦恼。所以，那两个男生需要对自己的行为负责任。无论他们离婚还是"自杀"，都是自己的选择，并不是芳芳造成的，是他们自己不善于处理分手后的不良情绪，也不懂得如何求助。

我还告诉芳芳，很多青春期的孩子没有处理分手的智慧，是因为社会、学校和家长不希望孩子在读书时恋爱。因此，如果他们恋爱了，常常要背着老师和家长。当恋爱过程中出现纠纷或困惑时，他们无法得到正确的引导和帮助。因此，在这个案例中，家庭、学校也需要承担相应的教育责任。我给芳芳讲了一个故事。

一天，一个女孩打电话给我，哭着说："老师，您一定要帮帮我。"我问："出什么事了？"她说一个男生向她告白，她很害怕，很恐惧，不知道怎么办。我说："这是一件多么高兴的事。有人追求你，说明你很优秀。你应该感到骄傲才对呀！"女孩说："我才13岁。"她很紧张。我又问："你喜欢他吗？"女孩说："不喜欢。"我问："你打算怎么办呢？"她说："不知道。"我说："你首先要谢谢他对你的爱。不要因此讥笑对方，而要尊重对方。因为他爱一个人没有错，但你要明确告诉他你不想和他恋爱，或说你还小所以不想恋爱，或说爸妈不同意你恋爱等。我们不仅在语言上要拒绝对方，在行为上也尽量不和对方多接触，以免造成误会让对方认为你在给他机会。"女孩听了我的建议，放松了很多，并表示知道怎样处理了。

我告诉芳芳，如果当初有人像我一样给予她帮助，也许她就能恰当处理分手的事。当然，那两个男生不懂得如何面对分手，并不是芳芳的过错，不要把这些都归咎于自己。

最后，我和芳芳一起探讨她是否很渴望知道那两个男生现在的情况，是否依旧很在意和他们的情感纠纷，她是否有勇气主动去面对对方，以及如果对方真的自杀了，她是否能坦然接受等，这些都是她今后需要面对的问题。

【咨询效果】

通过咨询，芳芳告诉我，自己没有那么自责了，也能原谅自己没有处理好当年分手造成的局面。因为青春期婚恋教育的缺失，当她独自面对这些问题时不知找何人倾诉，也不知道寻求什么样的帮助。如今她有了自己的孩子，今后会提醒孩子在恋爱时要注意的问题。同时，作为教育工作者，她会在课堂上和学生探讨恋爱、分手、失恋等相关话题。她说自己现在轻松很多，没有那么纠结、痛苦了。

她还说目前没有完全做好准备去了解那两个男生的情况，会和丈夫对此进行沟通。如果有一天，她准备好了面对最坏的结果，会尝试寻问那两个男生的消息。如果他们真的不在人世了，她会以这样的故事教育孩子和学生，珍惜生命，不要因为失恋就放弃生命。

【反思和建议】

传统思想导致一些学校和家长强烈反对中学生谈恋爱。于是，这些学生只能在见不到光的地方谈恋爱，这样就容易出问题，如发生性关系、怀孕、做人流等。如果中学生可以在阳光下谈恋爱，并获得学校和家长的认可和指导，又或者家长能给孩子设置底线，一般不容易出问题。

爱是一种需要流动的能量。初恋更多是学习怎样和喜欢的人单独相处。如果家长和老师坦然告诉孩子要学会控制自己，不能做不该做的事，一般情况下，孩子们是可以做到的。

在孩子们情窦初开的时候，家长或老师可以告诉他们如何恰当地表达爱情，如何拒绝别人的求爱，怎样处理恋爱中的困惑，怎么控制性的冲动等。如案例中的芳芳，如果当初有家长或老师的指导，也许她就能正确处理恋爱中的困惑，而不会直到结婚生子还有那么多的痛苦和纠结。成年人在处理感情方面比较有经验，如果我们用这些经验去帮助孩子度过情感的迷茫期，他们就不会因为一些不恰当的做法，造成终身的遗憾或留下无法磨灭的阴影。

因此，我希望家长能成为孩子的婚恋指导老师，而不能认为一句"你不准恋爱"就是对孩子最好的教育。我见过那么多发生性关系、怀孕、做人流的孩子，他们的家长对孩子发生的这一切一无所知。孩子在这个过程中独自承受了很多的痛苦和伤害，我认为这都是家长的过错。

婚恋教育由谁负责？家长？学校？社会？媒体？在我国，大家普遍认为家庭应是婚恋教育的主战场，但并不是所有的家长都懂得如何正确进行婚恋教育。他们既缺乏系统的婚恋知识，也不懂教育方法。而类似广东省计划生育协会"生育关怀——青春健康"项目开展的青春健康生活技能培训，既无法做到在每个学校都得以顺利推广，也无法在时间、场地、师资队伍上有所保障。再如媒体通过网络、QQ、微信等渠道传播婚恋知识，不仅有片面性，甚至会误导青少年。综合起来，学校应成为婚恋教育的主战场，掌握婚恋教育的主动权。婚恋教育可以纳入学校课程体系和教学计划，在高中或大学开设婚姻指导课。

我相信通过家长、学校、社会的共同努力，青春期孩子将会更加理性地处理他们在恋爱过程中遇到的烦恼，妥善处理分手时产生的纠纷，减少因为失恋等造成的各种不幸，并为将来组建家庭积累丰富的经验。

18 失恋后

2014 年 4 月 1 日下午 3 点 02 分，女孩在我的博客里留言："我在学校为情自杀未遂，现在不知道怎么办？我很痛苦。"

4 月 2 日中午 12 点 37 分我回复："每个人都有过为爱情死去活来的时候。为情自杀对于第一次经历爱情的人也许可以理解，但当生命继续时，你会发现所有的一切都应该随缘。何必强求？情执、情痴不是因为你爱对方，而是自私地想占有对方。当所有的爱情最终变成亲情时才会明白爱别人首先要爱自己，尤其是自己的生命！一个连自己的生命都不珍惜的人谁敢接受你的爱情？如果愿意可以向我咨询。我的电话 189……"

4 月 9 日女孩打电话联系我。4 月 10 日，我上网后才看到她在 4 月 8 日下午 6 点 05 分的留言"想咨询可是我没有钱啊，我是单亲"及下午 6 点 07 分的留言"那就算了吧，谢谢"。

【咨询过程还原】

女孩打电话告诉我，母亲在她 11 岁时因一场车祸意外死亡，弟弟当时只有 1 岁，父亲长期在外打工而且脾气暴躁。由于父亲是奶奶肚子里带来的孩子，爷爷不喜欢父亲，因而也不喜欢她和弟弟。外婆 2011 年因思念死去的女儿（即女孩的母亲）而伤心过度自杀身亡。母亲过世后，父亲一直在外打工，没有再婚，但女孩只要和他通话，两人总是非常不愉快。

2013 年高考落榜后，父亲不再让女孩上学，但她坚持复读。外公和奶奶筹钱让她复读。复读时女孩恋爱了，因为个性不合她和男友经常争吵，一次又一次说分手。4月1日，她再次提出分手，男友无所谓的态度刺激了她。那一瞬间，她的脑袋不受控制，爬上楼顶要跳下去，幸亏被老师及时救了下来。此后，学校担心他们再次做出极端行为，让她和男孩都离开了学校。

6月7日即将高考，她和男友都是复读生，但现在她每天想着男友，万分痛苦。作为心理老师，我希望女孩能走出困境。那几天，女孩不停地打电话给我。第一天，我们聊到晚上12点半，女孩还想聊，但第二天我要上班，我说明天再聊吧。第二天早上，女孩又打来电话。晚上，女孩说她还是很痛苦。第三天，女孩说她梦到男友，好痛苦……那几天，我尽量接听女孩的电话，开导她，对她进行教育。

女孩失恋后很痛苦，不明白男孩为什么这样对她。她很爱男孩，由于女孩缺少家庭关爱，因此她觉得男孩的家庭很温馨，但男孩总说她这也不好，那也不行，莫名其妙地就这样分手了。女孩想不通，她希望男孩告诉她原因。经过心理辅导，女孩去了另一所学校读书，并参加高考，但女孩内心总有一份不甘和不舍。

2014年6月10日下午4点，女孩给我发来短信："老师，我终于知道前男友为什么那样对我，因为他一直爱着他的初恋。考试结束后我参加了同学聚会，有些我不知道的事情也清楚了，还打电话问了他的兄弟。以前我不敢面对，现在终于释然了。"

【案例分析】

失恋自杀未遂的个案我接触比较多。作为心理咨询师，一定要在失恋者最初的日子，尽可能陪伴他们，听他们倾诉。他们说了很多，虽然不断重复相同的内容，但这就是一个减轻痛苦的过程，即疏泄疗法。

研究表明，女性更擅长运用语言的方式表达不良情绪。台湾中央大学认知神经科学研究所所长洪兰教授说，一般夫妻吵架，丈夫讲一个字，妻子要讲十个字。男生平均每天讲7 000个字，女生讲2万个字。男人7 000个字在办公室全部讲完了，回家就不讲了；妻子心里有2万个字的心里话，必须在她丈夫回来的三个小时里面全部讲出来。

洪教授分析女生失恋后的表现为："女生失恋后打电话给她的同学，说她对男生很好却被辜负了。跟人家讲了半个小时，挂了电话后马上再拨另外一个同学的电话，同样的话一直讲，直到讲的过程她修改了言辞。从这个男的如何对不起她、把她甩掉，到这个男的一无是处，是她把他甩了。到这个时候，电话挂下来，她就去做别的事情了，情绪处理完毕。"

所以，心理咨询师在遇到失恋或离婚的女性应尽情地让她们倾诉，自己则耐心地听。让求助者一遍又一遍诉说，就是对她们最好的心理治疗。因此，如果女性有痛苦，让她们倾诉在一定程度上能宣泄不良的情绪以治愈心灵的创伤。

【案例处理】

当我得知女孩因失恋自杀未遂后，我让女孩尽情地倾诉，我则认真倾听。女孩告诉我，不好意思每天打电话给同学倾诉，她觉得浪费了同学很多时间。我问她知道鲁迅写的祥林嫂吗？当这个苦命女人的儿子被狼吃了后，她反复向人们叙述失去儿子的过程，这就是一种减轻痛苦的方式。所以，治愈失恋的最佳方法之一就是找人倾诉。当他们一遍又一遍重复叙述他们的悲伤往事时，痛苦就能不断减少。

因此遇到自杀未遂的求助者，心理咨询师对他们进行危机干预的最佳方法，就是在最初尽量多地陪伴他们，听他们一遍又一遍地倾诉。

当然，对于为情自杀未遂的个案，提分手的那一方也应该以友好和理智的态度对待被失恋的一方。女孩告诉我她那么爱男友，失去他那么伤心，因为她的家庭没有关爱。父亲简单粗暴的教育方式，让她特别羡慕男友的家长对他那么好。因为她羡慕男友和睦幸福的家庭，所以才更加爱男友。

而当学校通知男孩的家长此事后，男孩的母亲第一时间将儿子接了回去，并拿走了他的手机，因为她不希望儿子再受到刺激，所以不让他和女孩联系。

女孩和我说，她可以接受分手，但希望男孩能亲自告诉她。

【咨询效果】

从4月9日到4月14日，我一直持续接听女孩的电话，她的状态也越来越好。最终，女孩说她想通了。她说网上看了一篇文章，说不是时间治愈了失恋，而是"想明白"治愈了失恋。现在，她也想明白了。如果她和男友有缘，他们还会在一起；如果没有缘分，分开也可以接受。

此后，女孩的家人联系了另一所学校，让她能重返校园继续为高考做准备。我相信女孩自愈的能力很强，因为她经历了那么多家庭变故依然坚强面对，而且她能主动求助，说明她懂得利用社会资源帮助自己。

【反思和建议】

当面临为情自杀未遂的求助者，心理咨询师应该在最初的时候尽量陪伴，让求助者尽情述说。男方家长也要为儿子的行为负责任，如让儿子和女孩单独谈谈，表达歉意。如果在恋爱期间发生过性行为或女方曾经怀孕、流产等，那男方家长也应向女孩道歉。

很多家长面对孩子失恋时，总是设法阻止孩子们联系。但在失恋这样一个特殊的时候，不恰当的处理方式可能导致被动分手的一方做出极端的事情。

假如我的儿子和女孩恋爱后觉得不合适，主动提出分手，并且他和女孩经历了很多事，如女孩为他做过人流，那么，我认为作为男孩的母亲，首先会让儿子和女孩单独谈谈，跟女孩说明他们因为不合适而且分手。同时，必须向女孩道歉。我作为母亲，也应当为儿子做出的不恰当行为道歉，希望女孩为自己的未来着想，如果不合适，就不要勉强在一起。而不是在儿子主动提出分手后不作为，或为了保护自己的孩子，强制性不让他和女孩见面。因为被动分手后，女孩受到的打击和痛苦比男孩要大得多。

现代社会，很多女孩能接受分手，但需要得到对方的尊重。特别是高三孩子在处理失恋时，如果我们能多一份善良以及理解，站在对方的角度考虑，多给对方一点关爱，那么就会少一点伤害和悲剧。

其次，青少年准备恋爱时也要做好失恋的准备。很多孩子只知道享受恋爱的快乐，不能承受失恋的打击，但恋爱是一个选择的过程，随时可能面临失恋的痛苦。

面临失恋，最重要的是学会智慧地分手。如果采取自杀或杀人等极端的行为，不仅伤害了对方，也伤害了自己，这是绝对不能采取的行为！

再次，主动分手的一方最好能告诉对方分手的真正原因。如果已经不爱或移情别恋，最好把真相告诉对方。因为现代年轻人，往往能够承受分手的结果，但如果对方在恋爱过程中经常指责你做得不好，而不愿意告诉你，他（她）已经另有所爱，那么你可能还误以为只要改正了就可以继续在一起。

案例一　一个高三女孩高考结束后，在打暑期工时认识了一个大学毕业已工作的男人，两人发展为恋人关系。后来男友像人间蒸发一样失去了联系，女孩百思不得其解，她不明白男友为什么要这样离开她。因为痛苦，高考成绩出来后，她错过了填报志愿的时间，只好复读。此后，她了解到男孩在和她恋爱时，同时还与她的闺蜜恋爱。当知道真相时，她释然了，也更加用心复读，第二年考上理想大学。

案例二　一个男生网恋后发现与其恋爱的女生竟然住在他家楼上，这让他格外喜欢这个女孩，认为这是天赐的缘分。但交往一段时间后，他总觉得女孩总看他不顺眼，说他这也不好，那也不对，他不知道怎样做才能让女友满意。女孩提出分手后，男孩很难接受。他希望女孩再给他机会，让他改正缺点，可女孩不再和他联系。他萌生了寻死的念头，深夜给我打电话，问是否可以到我家。我担心男孩做出伤害自己的行为，于是同意让他来我家做心理辅导。他做完心理辅导后回家，我再通过电话对他进行二次心理辅导。

第二天一早，他再次给我打电话，说他还是很痛苦。我叫他出去走走，不要待在家中，可以出去打听一下女孩为什么分手。晚上，男孩给我打电话，说他释然了，因为女孩和他分手之前，已和他最好的哥们好上了。

案例三　一个女生是我大学校友，比我低一届，又是老乡。在女生毕业前两个月，学校突然传来噩耗——她自杀身亡了。女生的父母离异，她跟着母亲改嫁到继父家，复读了一年考上大学。女生自杀是因为她给已毕业的男友织了一件毛衣并寄给他，但男友说毛衣太小了，将毛衣寄回给她，并提出分手。女孩无法承受，于是在大学宿舍上吊自杀身亡。而男友提分手的真正原因是，那时他已与单位一个领导的女儿在谈恋爱。

　　三个案例有共同点，即是被动分手的一方无法放下这段感情，非常痛苦，甚至自杀，但事实真相是，他们爱着的那个人早已移情别恋。

　　现代社会，男女对于分手的事可以坦然接受，需要的只是主动提出分手的一方告诉他们分手的真实原因。可很多主动分手的一方不说明分手的真相，而是一味地责备对方行为的不当，让对方误以为只要改正了，两人就可以继续交往。所以，我认为如果分手，也应该为双方负责，真诚地告诉对方分手的真实原因。

　　被动分手的一方也需要有智慧。当决定恋爱时，就要做好分手的准备。当发现对方对你百般挑剔，或仅仅因为你生气或任性提出分手，对方立即顺水推舟地坚决分手，你就要清醒地认识：他（她）可能移情别恋了。

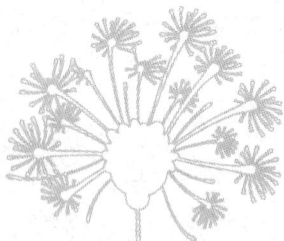

19 我不愿意分手

　　小王带女友小红来咨询。事先小王告诉我，他多次提出分手，但小红坚决不同意，多次以死相逼，所以他很痛苦，想分手却分不了。他希望通过心理咨询，说服小红心平气和地分手。

【咨询过程还原】

　　他们到咨询室后，我才全面了解情况。小红15岁初中毕业，从农村到城里读中专。她的叔叔委托城里的堂弟小王照顾小红，那年小王25岁，按辈分，小红应该叫小王堂叔。

　　虽然两家是亲戚，但小红从小在外公、外婆家长大，和父母感情不深，与小王家来往也不多。小红是家里的老大，弟弟妹妹在父母身边长大，小红读初中后回到父母身边。外婆是小红最亲的人，因此外婆过世后，小红倍感孤单。她和父母几乎不交流，弟弟妹妹也总说她不是父母亲生的，因此，她和弟妹也很少交流。

　　小红在外婆家生活时，曾遭遇邻居大叔的强奸，但她没告诉外婆这件事，而是一个人默默承受着痛苦，直到遇到小王。年轻帅气的小王，对小红呵护有加，经常给小红买好吃的，带小红出去玩。

　　小王已工作，和朋友合租了一间两室一厅的房子。周末他将小红带到出租屋，让小红睡他的床，他睡客厅。天冷了，小红心疼小王在外冻着，所以让他到屋里睡。小红非常漂亮，小王被她的年轻和美丽吸引，于是两人不知不觉有了感情。后来两人发生了性关系。

　　小红刚到新学校，有其他男生追求她，她也喜欢那个男生，本想答应男生的追求，却发现自己怀孕了。小王得知小红怀孕后陪她到医院做了流产手术。此后，小红不再接受其他男生的追求，一心一意跟着小王。

在一起的日子，小王采取体外射精的方式避孕，导致小红怀孕三次、人流三次。小红在学校读了一年后，无法继续完成学业，于是转学；在新学校仅仅读了一个月，又无法坚持下去，最终退学，开始了打工的生活。

两人的恋情被双方家长知晓后，遭到家人强烈的反对，尤其是小王的父亲，宁死也不愿意儿子和小红交往。父亲认为儿子的不伦之恋让他无法向先辈交代，骂他把家人的脸都丢尽了。父亲原本患有肝癌，在得知他们恋爱后，父亲的病情进一步加重，不久病故。

因为父亲的离世和小红对他的过分依赖，小王渐渐对小红感到厌烦。只要他不在身边，小红就会不断打电话给他，让他无法正常与人交往和工作。小王身心疲惫，加上家人的压力，于是决定和小红分手。可小红坚决不同意分手，多次在小王面前自杀。无奈之下，小王求姑姑帮忙。姑姑找到小红，责备小红纠缠小王，要求小红必须分手。由于姑姑言辞激烈，对小红毫不客气，反而激怒了小红，更坚定了她不分手的决心。在姑姑的帮助下，小王到外地打工，但小红通过各种方式找到小王，再次以死威胁，小王只好回到小红身边。

咨询时，我先向小王单独了解情况。小王叙述了他们交往的过程。他说那时他也年轻，没有真正恋爱过，而小红年轻美丽，他被深深吸引，所以没考虑那么多就在一起了。可现在家人强烈反对，父亲也因此过世，他觉得两人在一起不合适，相处也很累，非常希望和平分手，但又担心小红会自杀。他不敢面对这样的结果，也无法向小红的父母交代。小红的父母虽然不希望他们交往，但看到小红分手后多次想自杀，也管不了，只好随小红。所以，小王希望我说服小红，和平分手。如果今后条件好转，他会尽量弥补小红，是他对不起小红，亏欠了她。

此后，我单独和小红谈。小红说，她很不平衡。三年了，她认为小王太对不起她。她也知道，他们是亲戚，不能合法结婚，但当初如果小王不和她发展为恋人关系，她也不会这样痛苦。她希望小王能真诚道歉，而且如果要分手，也必须由她提出。最后，她还是不同意分手，说她一个人住害怕。她告诉我现在对小王只有恨，要报复他，要看到他痛苦和不开心，特别是小王姑姑的辱骂让她心里更不平衡。

小红 20 岁，曾经历过强奸，受伤的心被小王温暖了。他们在一起时，小红全身心爱着小王，可小王常常忽视、冷落她。小红说，她要小王真诚地道歉。

我让小王和小红一起交谈。小红数落小王对她的欺骗和伤害，对她多次人流的不关心，她对小王有说不完的不满。

【案例分析】

15 岁的小红和小王在一起，那时 25 岁的小王对她也充满了吸引力，所以产生了少女的爱慕之情，而小王也没有恋爱经历。两人没有顾忌彼此之间的亲属关系，产生了爱情。

在恋爱期间，小王采取体外射精的方式避孕，导致小红怀孕 3 次、人流 3 次，因为体外射精并不能起到安全的避孕作用，这让小红身心俱疲。

父亲病故加剧了小王的内疚，再加上双方都是初恋，他们都不善于处理彼此的关系，导致矛盾升级。小红不断以死相逼，导致小王对这段感情更没有信心。

【案例处理】

小红才 20 岁，却显得满脸沧桑。我希望她能意识到，这样耗下去伤害的是自己。我告诉小红，她和小王是亲属关系，因此恋爱会遭遇到小王父亲强烈的反对是可以理解的。通过各种分析，我告诉小红，她还非常年轻，如果固执地认为小王伤害了她而不愿意放手，继续维持这段感情是不会有好结果的。所以，我希望小红慎重思考，这样的爱情真的是自己想要的吗？

小红最终同意一年后分手，但现在不分手。我知道，20 岁的小红虽然比同龄人成熟一点，可她还是无法理解她的报复对自己的伤害，但也只能给小红时间，让她做出明智的决定。

结束咨询时，我告诉小王，如果他坚定要分手，那么和小红住一起要做到不再和小红发生亲密关系。我也希望小红能走出去，有机会多接触其他异性，尽早做出分手的决定，否则继续拖延下去，只会浪费彼此的时间，在报复小王的同时她也在伤害自己。

咨询付费时，我提出让小王付费，但小王说，他最近因为贷款做生意资金有些问题，于是小红将她的钱包交给小王，小王才付了咨询费。当她将钱包递给小王时，我相信她还是爱着小王的，而不仅仅是恨和报复。可这样的无果之爱，带给他们的只会是伤害！

【咨询效果】

这次咨询并没有取得好的效果，没有合适的方式让小红宣泄内心不满的情绪。如果有机会再次咨询，我认为首先需要让小红进行充分的情绪宣泄，如通过宣泄墙或宣泄人等让小红哭喊、怒吼，将她对小王的怨恨发泄出来，然后再处理他们之间的感情问题。这样小红会更加理性一些。

【反思和建议】

我第一眼看到小红，觉得她颇有姿色，可当她说对小王只有恨和报复时，一张充满愤怒的脸让小红不再美丽。这让我想起在北京参加心理督导师培训教材的编写工作时认识的兰州大学的李老师，她虽然60岁了，但依然年轻漂亮。无数事实证明，女人的脸上写着她的情感生活。小红成长之后会发现小王真的不适合自己。一方面，因为他们是亲属关系，人们无法接受这样的不伦之恋；另一方面，小红爱小王更多一些，虽然小王比她大10岁，但他没有想象中那么成熟，很多时候还是用小红的钱。

有些恋情一开始就是错的，比如不符合社会伦理的爱情，即使小红坚持，得到的也只有伤害！所以，家庭和学校应开展婚恋指导，开展性伦理、性道德教育。不同时代、不同国家对性伦理、性道德有不同的标准，我们需要遵循有关规则。

20　分手后的不良心态

　　李勇在技校邂逅了美丽的红梅，两个年轻人很快进入热恋状态。红梅比李勇高一届，比李勇早一年毕业。红梅毕业工作后接受了另一个同事的追求，向李勇提出分手。这让一直自信满满的李勇无法承受，他想不通为什么会分手，又觉得男人被分手很没面子，甚至有报复红梅现男友的念头。因为纠结和矛盾，所以李勇前来咨询。

　　【咨询过程还原】
　　李勇是一个优秀的男生，多次在学校舞台上进行武术表演并获得奖励。高中毕业后他就在外打工，因为自幼习武，练就一身好功夫，所以他晚上在舞厅进行武术表演，收益颇丰，但苦于没有技术只能做苦力活，也无法获得更好的就业机会，因此他决定到技校学一门技术，因而认识了漂亮的红梅，并成为恋人。李勇说，在他们两人恋爱的日子里，他付出很多，因为实在太爱红梅了。可红梅毕业不久提出分手，他无法接受，很痛苦。
　　李勇说，他从没被别人抛弃，现在竟然被分手。作为男人，他觉得自尊心倍受打击。李勇说他一再设法挽回这段感情，但红梅还是坚决要分手。红梅说，她身处异乡，倍感孤独，新男友给了她温暖和安全，所以，她希望李勇尊重她的决定，平和地分手。
　　但李勇无法承受这样的打击。李勇认为一个男人被女人抛弃是很丢脸的事，所以他想报复红梅。他说自己一身武功，一定要找到红梅现在的男友，把对方打残，让红梅后悔。

【案例分析】

看到这个充满愤怒的男生，我非常理解他的想法。很多热恋中的人，能享受恋爱的幸福，却无法承受分手的痛苦，甚至做出极端的事——伤害自己或他人。通常失恋后女性可能做出伤害自己的行为，如自杀，而被动分手的男生常常伤害他人。

对于正处于青春期的少男少女，失恋是人生中一个很大的挫折，考验他们忍受挫折的能力。对很多青少年来说，失恋是很痛苦的一件事，因为失去爱会使人痛苦，需要一定的时间去面对和适应。

分手是恋爱中的一种成长。分手后，我们只有明白从这段感情中收获了什么，在未来的爱情中需要改变什么，才能促进我们成长！失恋是我们成长过程中需要学习的一门功课！

【案例处理】

因为我早已认识李勇，所以我主要用认知疗法对李勇进行心理辅导。在学生心中，他是武术明星，多次获得武术表演的优秀表演者奖，对老师也非常有礼貌。咨询时，我和他谈什么是爱情，恋爱时就要做好分手的准备，一个成熟的男人要学会尊重恋人的决定，不能因为分手伤害自己或他人等。我告诉他，爱她就给她自由并祝福她，这才是一个真正男子汉的作为！也是一个武士的高尚人品！

被动分手并不是丢脸的事，只能说明两个人无法坚持到最后。现代社会，一次恋爱就成功的案例并不多，因为恋爱是一个双向选择的过程，可能有好的结局，也可能因为不太合适而分手。一个成熟的人，对待爱情需要尊重对方。所以，我希望李勇能尊重对方，友好地分手。

【咨询效果】

李勇说，他本以为被分手说明他作为一个男人很失败，但通过咨询，他相信他依然优秀，答应我不会因为失去一个女人而冲动地做出后悔终生的事。所以，他释然了，决定给红梅自由。

李勇说学校有很多女生追求他，但是因为太爱红梅，所以拒绝了她们。我说，一个优秀的人总有很多人喜欢，他从失恋中收获的成熟会让他拥有更美好的爱情！

【反思和建议】

初恋是美好的，纯洁没有污染，但初恋往往也是幼稚的，因为没有经营爱情的经验，常常以分手告终，这会给人很大打击。因为初恋的人往往会认为爱情是生命的全部。他们的心中最牵挂、最在乎的就是恋人，所以恋人的离去就是他们最大的痛苦。

有恋爱就会有分手，因此，每一个涉足恋爱的男女，都应该做好可能失恋的准备，千万不要认为自己长得好、有能力、有优势，就不会经历失恋。每个人对恋人的要求不一样。有些人即使长得不怎样，也一样有人格魅力；有些人因为脾气不好、不善于做家务等各种原因被对方抛弃，独自承受失恋的打击。

1. 失恋后的心理调适

失恋者要进行必要的心理调适，懂得及时放手，给人自由。一旦决定恋爱，就要做好可能分手的准备，提高面对失恋的心理承受力，从而将分手造成的伤害降到最低。所以，我们要学会自己走过这道坎，有勇气承受失恋的打击。

（1）合理认知，调整自我。

失恋只是一种选择的结果。对方不选择自己，不等于自己没有价值，只是每个人对爱情的心理需求不一样，欣赏的内容不同而已。要知道上帝为你关上了一道门，必将为你打开另一扇窗。不要认为失恋就意味着人生的失败和自尊心的受损，任何事情都有两面。每个人都有爱的权利，也有拒绝爱的权利，因此要尊重对方的决定，顺其自然。同时，在开始恋爱时，就做好可能失恋的准备，因为恋爱是双方不断考验和选择的过程，双方都可以重新选择新的恋爱对象。

（2）合理宣泄。

消极的情绪要及时宣泄才有利于身心健康。因此，失恋后可以写日记自我倾诉，把痛苦、烦恼说出来，或大哭一场，或到野外扯着嗓子大喊几声；也可以找心理专家倾诉，把积郁的苦闷发泄出来；还可以找朋友和亲人倾诉，从他们那里得到支持和力量。否则，过度压抑和埋藏失恋的痛苦，就可能积郁成疾，导致悲剧发生。

（3）转移注意力。

将感情、精力、心思转移到其他的活动中去，及时适当地把情感转移到别的人、事和物上，让自己的生活忙碌、充实。如听听音乐、打打球、上上网、找好朋友聊聊天，也可以努力学习，用学习冲淡失恋的痛苦。在这个时候，要封存以往的记忆，淡忘过去，不要再回忆过去，不要去以前恋爱时去过的地方，但也不能整天待在家中不出门，一定要走出去，和他人交谈，这样才不会一直处于痛苦之中。

（4）分析失恋的原因，提高自我。

找出失恋的原因，总结经验教训，让自己成熟。面对每一次失败的爱情，我们要善于总结教训：为什么会分手？我们有什么明显的缺点？一个人只有学会从自身找原因，才能变得更加成熟。有些恋爱十年同居八年的情侣最终分手；也有些因为一次恋爱就结婚，但婚后不善于经营而离婚。所以，并不是说跟初恋的人结婚就是最好的结果，也许多几次恋爱经历才更能知道什么人最适合自己、什么人和自己在一起相处更愉快。不要以为一次恋爱就结婚，就是最好的恋爱。失恋只能说明你们不适合，将来成为你丈夫或妻子的人才是最适合你的。

失恋能给人提供再恋爱的机会，失去的只是不珍惜自己的人。要确立"天涯何处无芳草""强扭的瓜不甜"等信念，没必要纠缠一个人不放。一次失恋并不意味着永远失去爱情。尽管失去爱情，但我们不能失去理智，更不能失去自尊、自我和生命。要相信生命是最可贵的，只要生命存在，就一定能遇到更珍惜自己的人。

真正的爱情是不过分痴情，彼此保持一定的个性独立，这样失恋时就不会过分痛苦。要感谢爱情给予自己人生的启发，要分析恋爱失败的原因，反省自己，完善自己，增加自身的人格魅力，这样才有机会遇上珍惜自己的人。

（5）摆正爱情的位置，让爱情升华。

爱情虽然很重要，但它不是人生的全部，因为我们还有理想、事业、亲情、友情等。所以，我们要摆正爱情的位置，反对"爱情至上"。我们要在失恋中学习和锻炼，把失恋当成是人生的财富，做到失恋不失志，将失恋化作前进和提高自我的动力，正所谓"祸兮福所倚"。

歌德23岁时参加一个舞会认识了一个叫夏绿蒂的少女，一见钟情，大胆向她表白，但夏绿蒂是歌德朋友的未婚妻。这让歌德难以释怀，怀着失恋的痛苦离开了这座城市。最后，歌德将失恋的痛苦升华到创作之中，写了《少年维特之烦恼》，并一举成名，成为伟大的作家。

"乐圣"贝多芬在31岁时深深爱上了一位少女，不料这时他患上了耳聋，钟爱的姑娘离他而去。面对病痛和失恋的双重打击，贝多芬毅然坚持从事自己热爱的音乐事业，创作了举世闻名的《命运交响曲》。

（6）失恋后不要迅速投入一段新的恋情。

失恋后，多和身边的朋友聊聊天，向那些成功地从失恋中解脱出来的人取经，这不仅能丰富你的人生，也能让你懂得下一次如何经营好你的爱情！失恋后不要迅速投入另一段感情，因为你还没有平静下来，不能正确地选择，更谈不上理智。所以，还是先平静下来，客观分析失恋的原因后，才能知道该从失恋中学到什么，今后要找一个怎样的人。

（7）进行心理咨询。

如果失恋让你痛不欲生，严重影响你的生活和学习，自己又无法调节时，可以尝试找学校的心理老师或医院的心理医生。借助心理咨询师、家长、老师、同学和朋友的帮助和支持，使自己迈过失恋这一道坎！

2. 认识失恋的好处

台湾女作家吴淡如写的《乐观者的座右铭》中说失恋的最大好处是：你必须改变你的生活。其中她引用了 Marjorie Kinnan Rawings 的话："一个女人必须在她的一生中爱上坏男人一两次，她才能对好男人心存感激。"同样，一个男人如果有机会爱上坏女人一两次，也会对后来遇到的好女人心存感激。失恋时可以看出你的风度，检验你对爱情的态度，看出你的不足。因此，失恋的好处一：我们必须要学会改变自己！

禅言中说：得不到的东西，会让我们一直以为它是美好的。恋爱也一样，你认为对方是最好的，那是因为你对他（她）了解太少，没有时间与他（她）相处在一起。当有一天你深入了解后，你会发现他（她）远没有你想象中的那么美好。我们要知道失去的不一定是最好的。既然分手，就说明最适合自己的爱人一定是下一个，因此我们不必伤心，只需耐心等待下一个更好的恋人。要相信每个恋人都是促进我们成长的一个阶梯。无论他（她）曾经给自己带来伤害或是快乐，他们都帮助我们成长了！因此，失恋的好处二：我们又多了一次重新恋爱的机会，一定还有更适合自己的恋人出现！

人之所以痛苦，在于执着追求错误的东西。今日的执着，可能会造成明日的后悔。不要将你的生命浪费在不适合的人身上。情执是苦恼的原因，放下情执，你才能得到自由。因此，失恋的好处三：学会放弃情执！

禅言：与其去排斥已成的事实，不如去接受它，这叫做认命。认命比抱怨要好，对于不可改变的事实，除了认命以外，没有更好的办法了。因此，失恋的好处四：懂得接受不能改变的事实，学会顺其自然地面对生活！

这个世界上没有永恒的快乐，也没有永恒的痛苦。不要以为自己是最不幸的，世界上比我们痛苦的人还有很多。失恋后，你会有很多人生感悟。因此，失恋的好处五：失恋会增加你对人生的感悟。

你要感谢给逆境的众生。不宽恕众生，不原谅众生，是苦了你自己。永远要宽恕众生，不论他有多坏，甚至他伤害过你，你一定要放下，才能得到真正的快乐。你什么时候放下，什么时候就没有烦恼。一个人如果不能从内心去原谅别人，他永远不会心安理得。因为凡是能站在别人的角度为他人着想的人，就是慈悲的人。而慈悲是宽容别人最好的方法。因此，失恋的好处六：学会放下，懂得宽恕！

每一种创伤，都是一种成熟。失恋让我们经历逆境，体会到痛苦和伤害。要感谢给我们失恋体会的人，我们因此才更加懂得爱惜自己。因此，失恋的好处七：失恋给了我们创伤，也让我们走向成熟！

如果面对失恋，我们能从中站起来，那么今后遇到更大的困境，我们一样可以勇敢面对。因此，失恋的好处八：懂得依靠自己，在逆境中成长，让自己变得更有力量！

了解永恒真理的人，就不会为任何生离死别而哀伤悲痛。因为生死离别是必然的，来是偶然的，走是必然的，所以我们必须随缘。若能做到一切都随它去，便是世间自在人了。因此，恋爱的好处九：懂得面对现实，才能超越现实，做到一切随缘！

不懂得自爱的人，就没有能力爱别人。失恋让我们知道自己爱别人超过了爱自己。失恋后终于明白：人首先要爱自己，然后才有能力爱别人。因此，失恋的好处十：懂得最值得爱、最值得自己投入精力和付出时间的人就是自己！

【延伸阅读】

面对青春期孩子的恋爱

《热线12》栏目中有一期节目叫"哥哥在哪里",说的是一个叫倪明森的男孩患有白血病,但在看见三个落水少年时依然奋不顾身地去救他们。最终两个男孩获救,一个男孩不幸死亡。这件事引起媒体广泛关注,倪明森也因此获得了好心人的捐助得以继续治疗疾病。在治疗过程中,他提到他的哥哥倪明荣。

倪明荣从小成绩一直很好,家长为此十分骄傲。但上初中后,倪明荣迷上了上网并开始恋爱,为此老师经常把他父亲叫到学校。父亲恨铁不成钢,无法理解一直听话懂事的大儿子怎么变了。为了教育好儿子,父亲将倪明荣捆绑起来丢在马路上,以为这样能让倪明荣感到丢脸而改正错误。可没想到,此后倪明荣离家出走,直到为了给弟弟配型,他才偷偷跑到医院,但配型不成功。自离家出走后,倪明荣6年没回过家,更没给父亲打过一次电话。直到电视台为了帮倪明森治病,邀请倪明荣,他才答应春节回家和家人一起过年。

因此,面对青春期孩子,家长要改变传统的教育方式。青春期孩子有自己的思想,他们开始反抗长辈的权威,需要自我成长的空间。但很多家长和老师对孩子谈恋爱充满排斥和愤怒,家长和老师认为谈恋爱只会影响学业。

青少年恋爱和成人恋爱不一样。青少年有爱的能量,需要让爱流动。如果家长和老师不阻止他们恋爱,他们便可以在阳光下和喜欢的人正常交往,如果家长和老师反对,他们只好偷偷交往,这种见不得阳光的地下恋情很容易引发性行为。

这时的孩子并不成熟,他们或喜欢对方或只是对恋爱感到好奇。如果家长不反对,而是允许他们和喜欢的人单独交往,一段时间后,他们或许会发现喜欢的人有很多缺点,谈恋爱有很多烦恼,可能就会分手。因为越是禁止的东西越会促使人去尝试。如果家长让孩子们自由交往,并加以正向引导,他们慢慢地也就对恋爱没有那么大的兴趣。

我一个同学的儿子高中恋爱,同学发现后非常着急。我说:"你儿子那么优秀，让他恋爱好了，给他恋爱基金。"同学每月给儿子150元恋爱基金。刚开始同学的儿子很兴奋，告诉我，他们挺好。再过一阵子，我问他们怎样了？他说早分手了，后来也没恋爱。他说当时看到别人恋爱很好奇，所以也想谈谈，但真的谈了，开始还好，后来总吵架真是没意思，就分手了。现在不想恋爱了，太累又不好玩。

这就是孩子学生时代的恋爱。如果家长引导得当，他们不会为此长期投入太多精力。越有阻力的爱情越长久。有些孩子告诉我，如果不是家长反对，他们早分手了；家长越反对，他们越觉得能在一起不容易，因此更加相爱，甚至导致发生亲密行为。

现代孩子普遍性早熟，加上受到影视剧的影响，孩子在初中或高中产生恋爱的想法很正常。所以家长要与时俱进，对孩子越宽容和理解，孩子越愿意和你讲心里话，越不会做出让家长失望的事。

所有的教育都和亲子关系有关。家长要了解孩子成长的规律，不要一味地以自己认为正确但已经过时的方式教育和要求孩子。每个孩子的天赋不同，教育也要因人而异，学习成绩好并不是孩子成功的唯一标准。接纳自己的孩子，比要求他们成功更加重要。

一个叫笑笑的女孩因为不爱学习，15岁便辍学。她是独生子女，父母也没有因此责备她，而是一如既往地宠爱她。此后，她多次恋爱、分手。她说，结婚要找对自己好一点的丈夫才幸福。20岁时，她找到了一个合适的对象，见过双方父母之后，就领结婚证了。

笑笑经常和朋友一起出去玩，认识很多异性，所以她认为找男朋友很容易。而且很多客户也给她介绍男朋友，同事之间也会互相介绍异性认识，传授恋爱、择偶、经营婚姻的经验。

我在中华全国妇女联合会（简称"妇联"）做过心理志愿者，认识很多大龄未婚女青年。她们非常优秀，有房有车，一直是父母眼中的乖乖女。读书时按照父母的要求不谈恋爱，即使有过短暂的恋爱也因父母反对而分手。大学毕业工作后，由于恋爱经验不足，她们对恋爱和婚姻有些理想化，因而难以遇到合适的男友。这些女孩下班后，也很少参加社交活动，经常宅在家里，认识异性的途径很少，因此找对象非常困难。30多岁时，她们还是孤身一人，家长因此十分着急。

如果当初笑笑因不爱学习，父母就对她指责、打骂，那么她就可能离家出走或做出其他伤害自己的事。但她的家长接受她学习能力一般的事实，尊重她的选择。辍学后，笑笑从事卖衣服、美容等职业，恋爱经验丰富，如今也非常幸福。

因此，对于青春期孩子的恋爱，家长应根据自己孩子的个性特点，接纳他们，并成为孩子的婚恋指导师。而不是一味地反对孩子恋爱，否则，孩子可能30多岁还无法找到结婚对象，到那时家长着急又有什么用呢？

有一种爱叫放手

一个女生告诉我，她和一个男同学关系不错。那男同学追求她，于是他们交往了一段时间。后来，她感到彼此不合适，提出分手。可男同学不同意，天天给她打电话，还因为知道她的QQ号密码，就以她的名义给那些网友回话，到处散布他们之间的流言。其实，他们之间是很正常的朋友关系。但那位男同学说，他得不到她，也不让别人得到她。他还经常主动为她的手机充值，说为她付出太多了，如果分手，要她还一笔钱，但不是为了钱，而是不希望她离开。她不知该如何摆脱他，心里很烦恼。

在《卡耐基写给女人一生幸福的忠告》中有这样一个故事，卡耐基有一个朋友喜欢捕捉动物，但他不喜欢用猎枪打，而是愿意设计陷阱活捉。一天，他发现陷阱里有一只狐狸被夹住了一条腿。那狐狸拼命挣脱。当他走近时，狐狸竟咬断了自己的那条腿逃脱了。连狐狸都知道，为了求生，只能放弃自己的一条腿。明智之举呀！可为什么面对爱情，我们却不懂得适时放弃呢？

执着是优点，但对于不可能得到的或拥有的东西，还一味地执着和强求，那就是偏执了。而偏执的人不仅不讨人喜欢，还让人讨厌，甚至是害怕。面对感情，越是纠缠，别人就越想离开。人生很多事情付出了就有回报，可在感情方面，付出了却不一定有回报。感情是两个人的事，你只能掌控50%，另外50%是由对方掌控的。如果对方不爱你，不愿意付出，你就永远不可能有收获。

青春期孩子恋爱时由于年龄比较小，不太成熟，感情极易发生变化。这个年龄段，如果有勇气恋爱，就一定要做好面对失恋的准备。因为失恋是正常的，你要有勇气承受失恋的痛苦。

《有一种爱叫做放手》这首歌中唱道："如果你对天空向往，渴望一双翅膀，放手让你飞翔，你的羽翼不该伴随玫瑰，听从凋谢的时光。浪漫如果变成了牵绊，我愿为你选择回到孤单……有一种爱叫做放手，为爱放弃天长地久……"

明明爱了一个不该爱的人，明知付出不会有任何结果，那又何苦浪费时间和精力？何必强求自己，为难别人？还不如勇敢地放弃。爱要学会顺其自然，学会放手。换一个角度看问题，你失去了一个不爱你的人，而他（她）失去的是爱他（她）的人，伤心的应该是他（她）而不是你。失去一个不爱你、不适合你的人，你才会有机会重新恋爱，才有可能重新获得一个爱你的人，那是你的幸运。

在没有学会放弃之前，我们很难懂得什么是争取。放弃是一种战略智慧。学会了放弃，也就学会了争取。猎人捕捉猴子，是因为铁制栅栏里放着香蕉，猴子将手伸进栅栏拿香蕉，却怎么也无法将手拿出来，因为不肯松开手中的香蕉。因为不肯放弃香蕉，猴子最终被猎人抓住，失去生命。如果懂得放弃香蕉，猴子就有机会争取到生命。

放弃也是一种美丽。舍得舍得，有"舍"才有"得"！选择放弃需要勇气和胆识，需要非凡的毅力和智慧。一个人只有懂得理性地放弃，才能最终获得自己想要的。有些人无法做到理性地放弃，甚至采取毁容、自杀等极端手段，最终导致人生彻底失败和毁灭。

聪明的人面对爱情懂得什么时候该坚守，什么时候该放弃。有的人不值得一直等待，不是所有的等待都有结果，放弃也是一门艺术！爱需要一颗宽大的心，祝福自己爱的人去寻找属于他（她）的爱情——那才是真爱！

下编

性的心理烦恼及其诊治

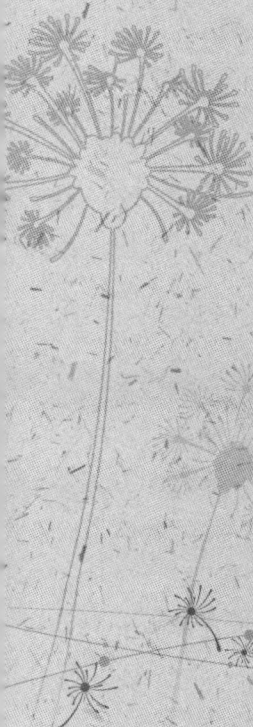

　　做心理咨询时，接触到不少学生因为性的问题而困惑、苦恼。因此，面对孩子青春期生理发育较早而性心理教育又跟不上的现象，社会、学校和家庭都有责任及早给孩子讲一些正确的性知识。方刚主编的《中学性教育教案库》提出，在青少年中开展赋权的（即指把性教育的权利下放给学生）、全面的性教育很重要。方刚认为青少年接受性教育是一种性人权的获得。因此，开展性教育是我们义不容辞的责任！

　　《中国教育报》2018年7月25日发表了国务院妇女儿童工作委员会办公室副主任宋文珍写的《性教育不能等孩子长大再开展》。文章写道："多少年来，面对性的问题，大多数家长的回答是'等你长大了，就知道了'。近日，联合国教科文组织等发布《国际性教育技术指导纲要（修订版）》中文版（以下简称《指导纲要》），将接受性教育作为儿童青少年应有的权利，这意味着成人世界应及早将接受性教育的权利还给儿童青少年，他们必须接受正规的性教育。性教育是人的生命教育和健康教育的重要组成部分，是人的身心健康发展不可或缺的重要内容，是人生的必修课。当前，围绕性的问题，儿童青少年首先面临的是性无知导致的性伤害。据2010年北京大学和国务院妇女儿童工作委员会办公室调查，在首次性行为中，超过一半的青少年未采取任何避孕措施。无保护的性行为、非意愿妊娠、人工流产、性传播疾病、艾滋病等威胁着儿童青少年的健康。其次是性无知导致的性侵害。因此，在性教育中，我们一方面要应对性教育缺失对儿童青少年伤害的挑战，另一方面要应对色情传播对儿童青少年危害的挑战。《指导纲要》的颁布无疑为实施性教育提供了有力的工具和指南。"

　　文章指出，性教育的系统性体现在性教育是贯穿儿童青少年发展各个阶段的教育。人的性发展同心理发展一样具有连续性，因此，性教育应根据儿童青少年年龄发展阶段设定教育内容，做好各个年龄阶段之间的衔接，而不是像目前我们所理解的性教育只是针对青春期的教育。而全面的性教育需要家庭、学校、社会的有效衔接和有机融合。学校是开展正规性教育的主课堂，应当确立性教育的课程地位，将性教育纳入学校教育课程体系，明确课时安排，每学期应最低安排6课时至8课时的性教育课程。家庭是孩子性教育的启蒙课堂，但很多父母性观念保守落后，总是把孩子想象得过于单纯，生怕他们过多了解性知识而成为一个堕落的孩子。《指导纲要》基于多项研究得出的结论表明，受过科学性教育的孩子，性伙伴更少，意外怀孕更少，染上性病的概率也更少。所以，家长应破除旧观念，变回避为正视，变尴尬为坦然，变敷衍为认真，在积极学习中承担起孩子性教育的责任。

我国法律规定，和14岁以下的幼女发生性关系判强奸罪。如果强奸不满14周岁的男童，构成猥亵儿童罪；如果强奸已满14周岁的男性，由于我国强奸对象尚不包括男性，只能以强制猥亵罪论处。这些我们可以开诚布公地和孩子谈。对于青少年的恋爱，我们应该是疏而不是堵，要引导他们正确和理智地对待感情，不能不负责任地发生性行为。

学校也应承担起性教育的责任，使学生充分了解性生理知识，正确对待性冲动，学会管理性能量，以及掌握怀孕、避孕、人流等多方面的知识。如果有条件，学校可以请妇产科医生或心理老师给学生上关于性心理健康的课程，告诉他们怀孕、避孕、人流等方面的知识。老师要提醒女生，虽然她们的外表、体型发育得和成人差不多，但心理依然单纯，容易受骗上当，变成坏人性侵的对象；提醒她们晚上不要一个人去偏僻的地方等。

家长也必须和孩子谈相关的性知识。很多女孩已经恋爱，甚至做了人流，但她们不敢告诉家长，因为怕家长知道后会责骂她们，这非常危险。因为一旦手术发生意外或有生命危险，最伤心和痛苦的一定是家长。

美国的莎伦·麦克维尔认为，一个对性行为负责任的人，关键在于有能够对舒服的感觉说"不"的自制力，而这就需要学校和家庭对孩子的行为进行道德上的约束，特别要对男生开展性伦理、性道德教育，教育男孩在性行为中尊重女性，不做违背女性的事。莎伦·麦克维尔认为，如果我们不首先教给孩子一些正确的观点，我们的孩子就会被电视、网络中的不良观点说服或影响。如果没有家长的指导，一个鼓吹性自由的环境对孩子来说是难以抵御和极度危险的。

我们可以告诉青春期的男孩，性欲是一种巨大的力量之源、一种令人惊讶的能量引擎，促使人类繁衍，但长大后要学会控制性欲，而不是让性欲这种能量主宰我们的生活。

在青春期，当正常的性需要无法满足时，孩子可能会通过其他方式满足性需要，如恋物、窥阴、露阴等。过去，我们常把不同于主流社会认可的性行为方式称为性变态。现在一些性学家如方刚等认为，只要这些性行为方式不侵犯他人的利益和人权，就需要得到尊重。不论是性人权，还是性平等权、性自由权，都应该建立在不违背他人意愿、不伤害他人性人权和性利益的基础上。如果某些性宣泄方式伤害了他人，就需要调整或改变，如窥阴、露阴等方式常常会给女性造成不适，那么就需要男性做出改变。

在青春期，性是一种巨大的能量。越是对性采取一种健康的方式进行宣泄，越有利于人的身心健康成长。性越被压抑，人们就越会产生各种心理问题，最终影响人们的身心健康成长。所以，家长要和男孩谈谈性欲满足的合法方式，告诉他们性安全的关键，让男孩掌握充足的性知识和良好的自制力。因为如果他们不能养成对舒服的感觉说"不"的自制力，那么，无论多少知识都无法保护他们不受到性病的威胁，更无法保证他们在酒精等作用下，不做违背女性意愿的事。

同时，女性为了自我保护，需要降低性感指数。美国的莎伦·麦克维尔博士用了性感指数这个词来表示衣着产生的性感程度。如果性感指数从1到10，那么上课时的性感指数为2至3，比如穿露脐装或暴露的内衣上课就不妥，因为它们会让性感指数超过3。而海滩上的性感指数可以达到8或者9。因此，书中指出在某些场合，性感指数达到8或9是不安全的，比如在夜里乘公交或地铁最好把性感指数降低到0或2以下。在这个崇尚自由的社会，虽然说穿戴是女性的自由选择，但从个人安全和自我保护的角度看，女性单独或夜间出门时，还是降低性感指数为好。

当然，如果面临性的心理烦恼无法自我调适时，学生应主动寻求心理咨询师的帮助，通过心理疏导解决痛苦，促进身心健康成长。

21　自慰焦虑

咨询室来了一个 18 岁的男生。见面后，他说想和我谈一些难以启齿的事。他沉默了很长时间也不好意思说是什么事。我问："是关于自慰吗？""是的。"他回答。他说每天如果不自慰就不舒服，但近来他发现身体越来越差，害怕长期自慰影响今后的婚姻生活，又担心女生知道他自慰的事会认为他是流氓。

【咨询过程还原】

男生告诉我，因为他过早接触一些关于性方面的文字和视频，从 14 岁开始就有自慰的习惯，而且越来越严重，次数也越来越频繁，有时一天两三次。现在他很害怕，虽然看过不少心理方面的书，知道这对身体健康影响不大，但他仍然很担心。想找一些方法让自己不要再这样，因为总想这些事，他无法集中精力学习。

男生告诉我，他和女同学交往时很害怕、恐惧，不敢和女同学讲话，见了她们就脸红。因为和女同学在一起，他很容易想到性。他担心女同学知道他的想法，认为他是流氓。

男生因自慰导致焦虑。一方面，他担心自慰过度影响身体健康或结婚后的夫妻生活质量；另一方面，他不敢和女生交往，看到女生容易联想到性方面的事，更担心女生知道他这些念头。

【案例分析】

一些家长不会坦然和孩子谈论与性有关的话题。作为孩子的第一任教师，家长应在女孩首次来月经、男孩首次出现遗精前，和他们谈论相关的话题，让孩子从家长那里获得正确的性知识。

一般女孩在 12 岁左右来月经，男孩在 14 岁左右首次出现遗精，但个体发育有差异。有的发育较早，会比多数孩子提前两三年。家长对此应有所了解。

多数男孩有自慰的现象，女孩也有，但普遍而言男孩自慰的现象较多。已经发育的青少年有性的冲动和欲望是正常现象。由于他们没有结婚，社会法律和道德都不允许他们轻率地发生性行为，因此，自慰是缓解性压力比较适宜的方式，但由于有些书给青少年提供错误的观念，如过于强调自慰的危害，给他们造成过大的心理压力，反而不利于他们的身心健康。

在我接触的案例中，很多男生会担心因为自慰过度对身体和未来婚姻造成不良影响，而这通常与他们接触的关于自慰有害的理论有关。

《指导纲要》中写道：有太多年轻人在从童年步入成年的过程中接触到错误的、不全面的或者带有价值评判色彩的信息，从而影响他们的身体和情感发展。性教育的缺失不仅会加剧儿童和青年人的弱势地位，使他们更容易受到侵害，并带来其他有害的后果，同时也说明社会未能对这一代人履行应有的责任。本个案中，男生正是因为对自慰危害的错误认知导致他的焦虑和对未来的担忧。

【案例处理】

我向男生分析，自慰是一种正常的缓解性压力的方式。过去自慰有害论的观点，现在已经在逐渐被淡化。如今认为，自慰具有独立性行为的价值，是标准的性行为方式之一。适度的自慰不会对身体造成任何伤害，也不会传染任何性病和涉及他人，还可以避免因性问题而引起的道德问题和社会问题。所以，自慰本身无害，要顺其自然，不要有心理压力和自责、内疚等情绪，不要对自慰产生误解而担心会出现"想象出来"的疾病，或者将自身的疾病与自慰牵强地联系在一起。

我告诉该男生，他已经 18 岁，有自慰行为说明他是一个非常正常的男人，有正常的生理需求。我和他分析，不仅未婚青年可以通过适度自慰缓解性压力，已婚男女在配偶出差、身体不适，女性怀孕、生产，两地分居等情况下，也会通过适度自慰缓解性压力。有些书夸大自慰的危害，使得有自慰习惯的人产生负罪感，甚至因此担心自慰对身体造成危害或对未来夫妻生活有影响。适度自慰是以不影响第二天的学习和工作为准，如果出现过度疲劳、精神萎靡不振、腰酸背痛、走路无力等现象则视为过度。

我提醒该男生，自慰属于个人隐私，因此个体实施这一行为时，要尽量避免在公共场合，如在学生宿舍自慰则注意不要影响他人的休息。但如果不小心被他人发现，也不要背上沉重的思想包袱，要相信其他人会理解。如果有人因此取笑自己，也不必过于在意别人的议论，只要今后更加谨慎就好。

此外，要坦然面对异性，不要担心他人看出自己心里的想法，因为每个人心里想什么，别人不可能知道。即使是学心理专业的人，如果对方不告诉你，你也不会知道他在想什么。所以，我告诉男生，不必担心其他女生会看出他经常自慰，甚至知道他对女生产生性幻想。

缓解性压力，首先，要做到不看淫秽书刊、不登录黄色网站、不看黄色录像，减少观看容易引起性冲动的刺激物。其次，通过运动培养一些健康、有益的兴趣和爱好以分散和缓解性压力，用一些积极、正面的知识和有益的活动转移对性方面的关注。再次，也可以主动和女性接触、交往。青春期男女正常交往，既可以了解异性，也可以缓解性压力，还可以因此学会和异性相处，并从中获得与异性交往的经验，有利于未来的恋爱和择偶。

【咨询效果】

该男生告诉我，此前没有人告诉他这方面的知识，他只知道自慰对身体有害，而且越想控制，效果越不好，导致自慰次数增多。听完我的分析后，他的压力减少了很多。一方面，他明白适度自慰对身体没有伤害，这是一种正常的缓解性压力的方式；另一方面，他也知道女生看不出他有自慰的习惯，因此轻松很多。原本他以为只有自己是这样的人，现在知道已婚夫妻也会有自慰的情况，这让他特别放松，心情也好了很多。

【反思和建议】

现代人通过网络等获取信息的途径越来越丰富，很多人认为男生对自慰不会有什么困惑，但事实并非如此。因为自慰而进行心理咨询的个案还真不少。

案例一 一个23岁的男大学生在毕业那年主动提出要进行心理咨询，因为他经常自慰。他恨父亲没有早告诉他自慰有很多危害，导致他现在每天为这事纠结，出现了严重抑郁情绪和脱发现象。他认为自己现在变丑了，将来更加找不到老婆，很自卑。他到医院被诊断为强迫症伴有抑郁。

案例二 一个大四的男生对我说："我是一名在校大学生。我想咨询性压抑问题。因为很多大学生没有女友、没有性生活，只好自慰，可自慰也没有地方。在八人一间的宿舍自慰不合适，大家只有选择在宿舍的公共厕所里。男生经常在厕所自慰，对着门和手柄射精，由于长期未处理精液，导致厕所非常难闻。"他还告诉我他从12岁开始自慰。他认为自己长相没有优势，等到将来正常结婚至少要自慰20年。

现代社会由于青少年性发育比较早，加上网络等媒体公开渲染一些性知识，一些青春期充满活力的年轻人没有合适的性伴侣，性比较压抑，又因为我国男女适婚年龄偏大，所以男性婚前性待业期比较长。

从马斯洛的需要层次来看，食色性是人类最低层次的需求。越是低层次的需要没有得到满足，欲望就越强烈。性压抑对人的身心都有不良影响。自慰是在没有性伴侣时缓解性压力合法的手段，也是不会被社会舆论和道德谴责的满足自我性需求的一种方法。我在婚恋指导课上告诉学生，自慰是缓解性压力的一种合适和健康的方式，有利于身心健康，除此之外，没有其他更合适的办法。

我在深圳进行性与婚姻咨询的培训时，遇到一个案例值得我们探讨。有一个母亲前来求助，她说第一次发现女儿自慰是在女儿8岁时。她当时气得不行，狠狠地打了女儿一顿，没想到女儿反而越发严重。母亲发现一次打一次，可女儿自慰的次数越来越多，最后母亲无计可施，非常痛苦和担忧。她认为女儿这么小就染上自慰的习惯，长大后不知怎么办。

一个8岁的女孩，第一次无意之中触碰到阴部，也许只是痒，于是抓了一下，可母亲过于敏感，以成人的观点认为那是自慰。当她以打骂的方式处理女儿的行为时，反而是一种负强化，导致女儿继续这样做。母亲越反对越关注她的行为，越会刺激她保持这种行为直至变成习惯性自慰。

智慧的母亲可以采取忽视的态度，不关注、不在意，通过其他方式，如叫女儿帮着拿东西或洗手等，转移女儿的注意力；也可以问问女儿，是不是因为痒所以去抓？如果女儿认为很痒，那么可以带女儿去医院看是否得了阴道炎或者其他疾病，也可以通过读书或一起玩游戏等方式转移女儿的注意力。

一个8岁的女孩不会关注自慰。孩子的思维和大人不一样，只要大人不刻意关注，孩子很快会忘记这件事，而不会一直重复这样的行为。

如果家长发现小女孩主动和小男孩模拟性行为，就要问问小女孩是否有成年男人对她做过什么。有可能是成年男人强奸或猥亵过她，因为小女孩不懂什么是强奸，也不知道要告诉家人。

因此，为了提升青少年的生活技能，使青少年拥有健康的生活方式，应开展全面性教育，这既能保证青少年获得正确的性知识，也能预防因性无知、性压抑产生的心理问题，这样才能更加有效地保护青少年，减少性犯罪和性变态行为！

22　我不是恋物癖

一位母亲发现 14 岁的儿子在家里偷自己的内衣裤自慰。母亲担心儿子心理不健康，因而带他来咨询。

【咨询过程还原】

我先与这位母亲交谈，向她了解情况和咨询的目的。这位母亲告诉我，她发现自己的儿子偷她的内衣裤自慰，还发现儿子经常浏览男女性爱的裸照，而且晚上睡觉时，儿子会躲在父母房间门外偷听等。她认为儿子有心理疾病，因此非常担心。

此后我和男孩谈话。我问他知道遗精和月经吗？父亲和他讲过关于性方面的知识吗？学校是否上过这样的课？他说，父亲讲过但比较简单；学校也有上过这样的课，所以他懂这些。

我问他出现遗精没有？他说有。我说他胡子都长出来了，个子长到 1.75 米以上，比同龄男生发育得早。我问他知道什么是自慰吗？他说知道，于是我向他介绍了关于怀孕、人流等方面的性知识。这时，我问他是否偷拿过母亲的内衣裤，并希望他不要骗我。我还说这是正常的现象，因为青春期的男生有好奇的心理。他说他上初一的时候，有过一两次这样的行为，但现在没有这种行为，也不会再偷了，当时仅仅是好奇。

我问他上网看过男女亲密的裸照吗？他说看过。然后我问他是否有躲在父母房间门外偷听，他说没有。我说，有也没关系。我认识一些朋友，他们的儿子在上初一时也有过这样的行为，躲在门外偷听家长在床上干什么。我告诉男孩："这很正常，因为青少年对性好奇，这说明你已经长大了，是一个真正的男人。如果学校关于这方面讲得不够多，你可以买一些有关的书看看，也可以和男同学一起讨论。自慰也是一种正常宣泄性压力的方式。"

我问他有没有单独的房间，他说有。我说，如果你想自慰，就锁好门悄悄进行，不要让爸妈突然闯进房间影响你就好了，他听完笑了。

男孩很坦然也很真诚地和我交流，没有一点害羞。我给他讲了一些性知识，希望他不要因此担心什么，也不要以偷内衣裤自慰的方式满足自己。同时，我也希望男孩把主要精力放在学业上，可以通过运动等方式缓解自己的性压力，不要过多浏览成年人的性爱网站，因为这会刺激年轻人的性欲望。通过沟通，我认为男孩没有心理问题。

【案例分析】

当母亲告诉我，她儿子偷她内衣裤自慰时，这让我首先联想到恋物癖。

恋物癖指在强烈的性欲望与性兴奋的驱使下，反复收集异性使用的物品。所恋物品均为直接与异性身体接触的东西，如内衣、内裤等，恋物癖者抚摸嗅闻这类物品伴以自慰，或在性交时由自己或要求性对象持此物品，以获得性满足（即所恋物体成为性刺激的重要来源或获得性满足的基本条件）。爱好能刺激生殖器官的性器具不属恋物症。

国内成瘾医学专家何日辉明确提出，恋物癖等性偏好障碍是一种成瘾性心理疾病，属于冲动控制障碍的一种类型，与道德水平和意志力无关。因此建议改称为"恋物成瘾"，因为恋物癖中的"癖"带有贬义。

方刚在《多元的性/别》中提到，"基于'癖''症'等是负面含义，提出应该用'恋'代替'癖'，比如恋物癖为物恋，暴露癖为裸恋等"。但本书还是沿用恋物癖，因为多数学术论文均以此来写，只是希望读者不要认为恋物癖带有贬义。

恋物癖通常开始于青春期，多见于男性，由于这种行为可能会引发患者不惜用非法手段（如偷窃、抢劫等）去获取异性的物品（如异性内衣、丝袜、手帕等），因此，多数情况下可能对女性造成困扰。但如果仅仅在婚姻关系或性行为中有此偏好，而不是通过偷窃等犯罪方式获取内衣裤等，那么就不存在对他人造成不良影响。

造成恋物癖的原因，合乎临床观察的解释是条件反射学说，即对异性的性冲动，在某种方式下曾经受到抑制，一个偶然的机会使某些无关的物体与性兴奋联系在一起，形成了条件反射，再经多次反复巩固，形成了恋物癖。

此个案中的男孩才 14 岁，只是最初偷过一两次母亲的内衣裤自慰，被母亲发现批评后便不再有这样的行为，因此，不能诊断为恋物癖。恋物癖诊断条件为：一是在强烈的欲望与兴奋的驱使下，反复收集异性使用的物品。所恋之物是极重要的性刺激来源，或为达到满足的性反应所必需的。二是这种行为至少已持续 6 个月。

而青少年仅仅由于好奇，偶尔采取这种方式来释放性压力，并不能称之为恋物癖，但如果家长一再以此责备孩子，对孩子的行为造成负强化，可能导致孩子持续发生这样的行为。因此，当家长发现孩子偷内衣裤自慰的行为后，要和孩子谈谈自慰等有关的性知识，减轻孩子的心理负担。如果家长不懂有关的知识，也可以寻求合适的心理咨询师帮助孩子。

【案例处理】

我告诉该男生，自慰是依靠自己的行为宣泄性能量，满足自己对性的需求并获得性快感和慰藉，是正常的生理现象。人类的自慰现象广泛存在，但自慰不能妨碍他人，给他人造成不良影响。即使是已婚夫妻，有时因为分居两地或一方出差、生病等原因，他们偶尔也会通过自慰来满足自己。如果偶尔拿母亲的内衣裤自慰，并没有形成习惯，在母亲批评后不再发生，就是正常的，但如果偷其他女性的内衣裤会给他人造成恐慌，且偷窃属于违法行为，因此不能形成偷他人内衣裤的习惯。

我告诉该男生，当青春期的性需要无法通过他人满足时，可以采用自慰、运动等方式来解决，但如果造成他人的不适，导致性骚扰，就会受到法律的制裁。

我告诉该男生，他没有任何心理问题，希望他今后能通过自慰等恰当的方式缓解性压力。谈完后，他很轻松，为自己没有心理问题而高兴，并懂得自慰是宣泄性压力合适的方式，不需要借助内衣裤满足自己。

经过心理辅导，他再也没有出现这种情况，而他母亲将他偷拿内衣裤自慰的事告诉了很多人，给男孩造成了不良影响。且由于这位母亲与丈夫长期分居两地，她过度关注儿子青春期的生理变化，所以，这位母亲更需要进行心理咨询。

与男孩谈完后，我叫他母亲进咨询室。我告诉母亲，男孩的性心理正常，他看裸照的行为是对异性好奇，包括偶尔偷女性内衣裤等都是正常的，希望母亲能理解。我提醒母亲，儿子已经 14 岁了，有自己的思想，希望母亲尊重他。

【咨询效果】

此个案中的母亲对儿子给予很高的期望，对儿子要求很高，求全责备致使她只关注儿子的缺点，看不到儿子的优点。通过咨询，我确定儿子不存在恋物癖的问题。男孩非常健康，也懂得不少性知识，只是母亲缺乏性教育的能力。因此，对于男孩来说，他咨询的效果不错，但对于这位母亲来说，她仍需要调整思维方式和教育方法。

【反思和建议】

此个案中母亲能意识到儿子拿她的内衣裤自慰的行为不当，因而主动寻求心理咨询师的帮助，这一做法是合适的，但通过咨询发现，母亲不断放大儿子的缺点，揪住儿子的缺点不放，缺乏家庭性教育的知识。

事实上很多孩子的问题出在家长身上，可有些家长意识不到。有些家长不懂性教育，因而用错误的方式教育孩子。其实教育非常简单，即建立良好的亲子关系，尊重和信任孩子，给孩子自由和爱，欣赏孩子，就是最好的教育。孩子有他们自己成长的轨迹，家长只需要适度的引导和给予恰当的爱，孩子就会发展得很好。我们不必用自己认为正确的模式去控制孩子，我们需要做的就是欣赏和相信自己的孩子，给孩子更多的自由，他们就更能成为优秀的人！

此外，无论是家庭还是学校都需要正确对待青春期孩子对性的好奇。对已经来月经、遗精的孩子，要教给他们关于性欲和恋爱方面的知识。家长越信任孩子，并引导他们做出适宜的决定，孩子越不会让我们失望！家长或学校应在不同年龄阶段根据孩子的心理特点进行正确的性教育，引导孩子正确认识两性生理和心理的差异，使他们减少对异性的过分好奇，对于孩子的恋爱不要一味地打压而要合理地引导。

家长要学会放手和尊重孩子，给孩子适度的自由。即使孩子恋爱也只需要正确的引导，让他们对性、怀孕、人流都有所了解。孩子上了高中，要让他们谨慎对待恋爱，不要发生性关系，尽量推迟第一次性交的时间。等到孩子上大学之后，家长要告诉他们，如果恋爱要注意避孕等问题。

而孩子如果恋物或露阴，家长也不要过度紧张。面临青春期孩子第一次对性感兴趣，第一次看裸照，第一次偷女性内衣裤，家长应采取理解和包容的态度，才不会导致孩子将这种行为持续下去。要知道，越是禁止的东西，就越会吸引他们。比如我们叫大家不要看书的第86页，大家往往会先翻开书的第86页，这就是负强化。因此，对于孩子特殊的性偏好，不要大惊小怪，而是给予理解，并告诉孩子这很正常，很多同龄孩子有类似行为，孩子就不会持续这样的行为。所以，青春期孩子的家庭性教育，是孩子与家长需要学习的重要一课！孩子性行为的异常，与家庭性教育缺失息息相关！

现在的孩子普遍营养充足，发育成熟得早，以及受到不良信息的影响，他们对性方面充满渴望和好奇。即使在最初，他们有过恋物或露阴等行为，只要我们家长不要大惊小怪，而以平常心对待，告诉孩子这是他成熟、长大的标志，并进行正确引导，也能使孩子健康成长。家长应教育孩子，如果他们有了性欲和性需求，可以通过自慰的方式自我满足，适度的自慰对身体是有益的，而且释放了性能量后，他们也会感到轻松。

如果家长认为自己没有能力对孩子进行性教育，学校也缺乏性教育，那么可以借助学校心理老师或公益机构的心理咨询师，对孩子进行性教育，就不至于孩子在有正常性需求的情况下却不懂得以恰当的方式满足。如果家长片面认为孩子是性变态或心理有疾病，那么会给孩子造成更大的困扰，甚至影响他们身心健康成长。

23 我不是窥阴癖

晓亮被保卫科的人员带到我的办公室，因为昨天晚上他到女厕所偷拍一个女生上厕所，被女生发现后带到保卫科。他十分害怕，因而领导先让我对他进行心理咨询。

【咨询过程还原】

1. 第一次对晓亮进行心理咨询

晓亮身高1.7米，长得斯文、秀气，看起来非常老实。晓亮告诉我，昨晚7点多他从男厕所出来后，发现女厕所没有人，当时很好奇，想看看女厕所和男厕所有什么不同，于是走进女厕所。我问他："你发现女厕所与男厕所有什么不同吗？"他说女厕所多了一个纸篓。当他正要出来时，听见有女生进厕所，他只好关上厕所单间的门。当女生关上门后，他本想出去，却突然心生一念，于是趴在地上，拿出手机在门缝拍摄女生上厕所。女生发现闪光灯后惊叫起来，他吓得赶紧跑出去。女生叫住他："你在外面等着，不要跑。"他认为被发现也走不了，所以在厕所外面等女生。

女生小美出来后责备他，让他交出手机，删掉手机拍摄的视频，并要他写保证书。由于没有带笔和纸，他们一起去宿舍拿。这时小美班上的两个男同学从男厕所出来，看见他们，问发生什么事。于是小美把事情经过告诉他们。男同学问晓亮的个人信息，但晓亮都说不知道。最后，他们决定把晓亮带到保卫科，由学校处理此事。

晓亮告诉我，他的父母在家里务农，他有两个哥哥、三个姐姐，他是家里最小的。其中一个哥哥已经结婚，一个姐姐正在读大学，其他都在外打工。

晓亮在家中排行最小，父母也非常宠爱他，导致他胆小怕事。谈起女厕所的事，他一直流泪，非常后悔。当晚从保卫科出来后，他十分恐惧，把事情的经过打电话告诉了他恋爱一年多的女友。女友是高中同学，在外地读大学。女友批评了他，也原谅了他。他们感情很好，从没发生过亲密关系。

我告诉晓亮有一种叫做窥阴癖的心理疾病，是通过窥视妇女在厕所的行为来获得性满足的心理。这种人不顾肮脏，藏身于厕所附近，或在女厕所墙上挖洞，或用反光镜从男厕所进行窥视，有的则是在浴室或寝室窥视女性脱衣、洗澡，窥视时伴性兴奋。这是一种性骚扰，是一种不健康、不成熟的心理。我告诉晓亮，心理健康的人是能够克制自己对异性隐私部位的好奇，能够坚守社会道德和尊重他人的隐私。

晓亮仅仅因为好奇临时起意，第一次偷拍女生上厕所，不能因此诊断他为窥阴癖。但如果不引起重视，长期如此，就可能形成这种不良的心理，所以我希望晓亮引起重视，不能再发生这样的行为。这不仅会给女性造成性骚扰，而且也会影响自己的心理健康。

我告诉晓亮，成人的性满足应该是以和谐的性行为来实现。虽然晓亮还是学生，但如果有性需求可以通过自慰等方式满足，这是比较安全也符合社会性道德的行为。

同时，我和晓亮探讨性伦理、性道德知识。性道德是指规定每个人性行为的道德规范。性道德标准应具备自愿的原则、无伤的原则、爱的原则。只有具备性道德观念，才可能控制生理本能表现出的性需求，不对他人造成性骚扰和不对社会产生不良影响，才可以使自己的恋爱及以后的家庭组成沿着健康美好的方向发展。

而晓亮的行为已经对他人造成了骚扰以及其他不良的影响，所以希望晓亮从中吸取教训，今后做一个遵守社会性伦理、性道德的人。

2. 第一次对小美进行心理咨询

这件事也对小美产生了伤害，因此我把小美单独叫到咨询室。小美是由男朋友陪同过来的，她希望和男朋友一起咨询。于是，我和他们一起讨论此事。小美希望学校开除晓亮，其男朋友也称如果学校不处理晓亮，他们会用自己的办法惩罚晓亮。

我首先劝导小美的男朋友不要冲动，不要用一个错误去惩罚另一个错误，要相信学校能妥善处理此事。经过心理咨询，小美及其男朋友相信学校会处理好此事。

3. 第二次对晓亮进行心理咨询

考虑到晓亮的成长环境可能造成了他胆小怕事的个性，因此，第二次心理咨询时，我对晓亮进行催眠治疗，即通过催眠让晓亮回忆他成长的经历。晓亮在回忆中讲到父母对他的呵护，大哥对他的严厉要求等。

经过和晓亮沟通，他同意将此事告诉他嫂子，因为嫂子是老师，和他关系比较好，而哥哥对他很严厉。我给晓亮的嫂子打电话，她感到很意外，但希望学校能从爱护晓亮的角度出发，给晓亮改过的机会。

学校的处理意见是让晓亮回家反省一周，通过阅读心理方面的书，认识到他的行为给女性带来的伤害，并写保证书保证绝不再犯，否则开除。我把学校的处理意见转达给晓亮的嫂子，希望他们配合学校共同教育晓亮。此后，晓亮回家反省了一周。

4. 第二次对小美进行心理咨询

我再次找到小美，单独和她交谈。因为小美受到惊吓，所以我也给她进行催眠和放松训练。催眠时小美告诉我，她一直渴望考上理想大学，但只上了一所普通大学，所以很伤心。在催眠时，小美还讲了她成长的故事，一直流泪不止。

睁开眼后，我问小美希望如何处理此事，小美回答希望学校开除晓亮。但我告诉小美，晓亮也是学生，如果这样开除他，既达不到学籍管理开除的条件，也不利于晓亮未来的成长。虽然晓亮错了，但我们也要给他改过的机会。最终，小美表示尊重学校的处理意见。同时，我也希望小美做好男朋友的思想工作，不要私自处理此事，否则，如果她男朋友再闹事，学校也会处分他。此外，我也希望小美和她男朋友不要再议论此事，给晓亮一个改过机会。为了晓亮的健康成长，我们要做好保密。小美答应不会将此事扩散。

5. 第三次对晓亮进行心理咨询

晓亮重新返校后，我再次找他交谈。在家反省期间，家人也对他进行了教育，他也认识到自己的行为给他人造成的伤害，表示今后不会再犯。我也告诉他，要调整自己的心态，改正错误后，就不要再背着思想包袱。今后要以成熟男人的标准要求自己，行为要符合社会规范。此后，他返回校园进入了正常的学习状态。

【案例分析】

晓亮的行为让人联想到窥阴癖，即通过窥视异性阴部获得性满足的性心理变态，这是一种性偏好障碍。患者存在持续偷看别人的性行为或与性有关的隐私行为的倾向，如窥视妇女在浴室脱衣服或赤裸时的情景，偷看时引起性的快感，但无任何性行为强加于他们，有的当场自慰或事后通过回忆想象而自慰，达到性满足。其患病率未明，此类人一般为男性，年龄以20～40岁居多。这和一般的流氓行为不同，具有习惯性、屡教不改等特点。患者一般能意识到此类行为的错误及风险，但无法自控，处于一种欲罢不能、屡教屡犯的痛苦处境。但他们对异性没有进一步的性接触或性侵犯。

《中国精神疾病分类方案与诊断标准》（CCMD－2－R）中有关窥阴癖的诊断标准为：①符合性变态的诊断标准；②在半年以上反复出现暗中窥视陌生异性裸体或与性有关的活动的企图，它受一种强烈的性欲望和性兴奋的联想所驱使；③曾经付诸行动。

在青少年中发生的窥阴癖以性好奇为主，但懦弱的性格或某次意外看见女性阴部引起性兴奋往往是窥阴的重要原因。对于成年男子，动机主要是追求刺激。患者对性配偶的裸体或公开的、公众性的异性暴露没有兴趣；窥阴时的压力愈大，愈能得到性快感与性满足；患者的人格大多不健全，多是内向、孤僻、缺乏与异性交往能力的人，或是婚姻的失败者。

年轻人因为好奇而偷看异性裸体或窥视他人性行为并非罕事，但随着年龄增长，这种行为往往能被自己的性经历所替代，所以并非此症。窥阴癖患者与女性在一起时往往感到怕羞、笨拙，或正常的性行为遇到障碍，所以才会产生这种行为。如果偶然窥视得到性兴奋所产生的条件被强化后，这种行为就会持续进行。因此，首次发生窥阴的行为后对他们及时进行心理辅导，能有效阻止该行为的持续发生。

本案例中，晓亮仅仅因好奇而突然想到去女厕所看看并发生偷拍女生的现象，并未引起性冲动，也不符合诊断标准，因此不是窥阴癖。

【案例处理】

这件事发生后，我们第一时间和晓亮的班主任联系。班主任对此也表示很意外，说晓亮在班上表现不错，人也很老实。本着以教育为主的态度，班主任希望不要轻率处分晓亮。

我们把学校的处理意见和晓亮以及班主任说了。为了保护晓亮，我们也提醒班主任不要将此事在班上宣布，学校也不在大会宣布和批评。同时，我也给晓亮的嫂子、哥哥打电话，希望他们做好晓亮的思想工作，但不要过分责备晓亮，也希望晓亮今后遵循社会规则和性伦理、性道德，尊重女性。

【咨询效果】

晓亮通过三次心理咨询和回家教育后，能认识到自身行为的错误，并保证今后不会再犯，咨询效果较好。

而小美和她男朋友最初提出要晓亮当面认错，但此后小美说她不想再见到晓亮，所以也不要他道歉了。经过心理咨询后，小美的生活逐渐恢复正常。

【反思和建议】

晓亮偷窥女生上厕所，虽属临时起意，但这与晓亮缺乏性教育有关。晓亮从小到大，都没人跟他讲过性方面的知识。发生此事后，他的哥哥、嫂子才和他谈起有关性的知识。此后我们也要求晓亮的班主任在班上进行性伦理、性道德教育。

我们开展性教育或性的自我保护教育时，经常针对的对象是女性，但实施性骚扰或性侵行为的常常是男性。即使我们不断提醒女性加强性的自我保护意识，但如果遇到男性的侵犯，女性从力量上还是无法反抗男性。所以，关注男性的性教育，教育男性尊重女性，不骚扰、不伤害女性，也是我们性教育的重点。

此外，为了预防窥阴行为的形成，学校要加强对青少年的性教育，因为从窥阴癖产生的原因来看，大多数与童年的经历有关，加上性知识的缺乏，受色情信息影响所致，所以在青少年时期进行性教育十分必要，可以预防窥阴行为的产生，或者在产生窥阴癖行为的早期阶段给予适当的引导和干预，治疗的效果会很好。

　　此案例还需要注意的一个问题，就是心理咨询师不要轻易给求助者下诊断。案例中的晓亮确定这是他第一次偷窥女生上厕所，此前并没有这种行为，因此不能将他诊断为窥阴癖。心理咨询师一定要进行鉴别，要了解求助者过往的行为。如果随意给求助者贴标签下诊断，反而会对他们造成伤害。

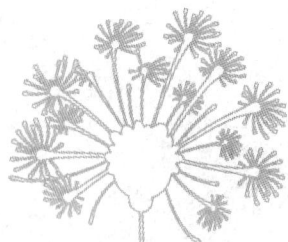

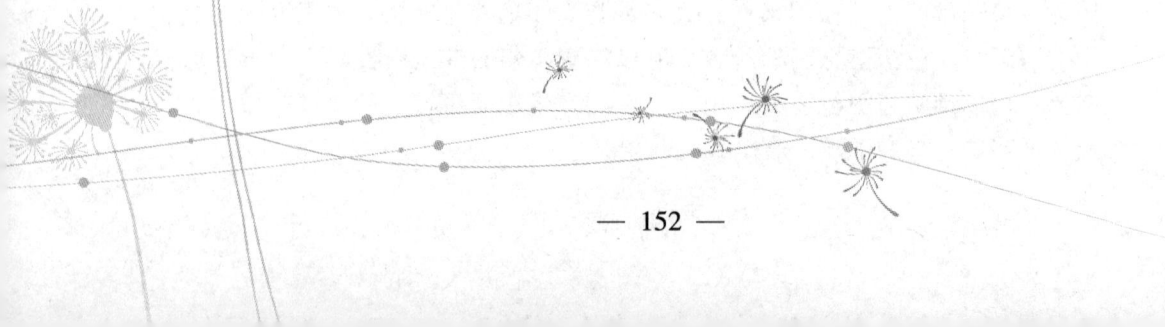

24 隐匿性阴茎

某名牌大学学生王某，从小学习成绩一直很好，参加奥林匹克数学竞赛、物理竞赛、化学竞赛均拿过一等奖，最终以优异成绩考上北京一所名牌大学。进入大学后，王某从最初的补考几门课到最后补考30多门课。老师和家长都认为是他迷恋网络游戏所导致的，于是老师找他谈话，家长苦口婆心教育他，但他的成绩还是越来越差，最终因患抑郁症退学回家，于是父亲带他来咨询。

【咨询过程还原】

最初的咨询，一直以为他是因学习成绩下降而引发抑郁，于是我结合医院的药物治疗，对其进行认知治疗，如挫折教育、生命教育、感恩教育等。几次咨询之后，我开始对他进行性教育，和他讨论恋爱、怀孕、人流等问题。一天晚上回家，他第一次告诉父亲说他的阴茎有问题。父亲让他脱了裤子，母亲也看了。之后，他们都哭了，因为他们没有看到儿子的阴茎。

第二天他们告诉我后，我决定陪他们去医院的泌尿科检查。那是一所有名的医院，我们看的是专家门诊。专家用手往下推了王某的龟头，阴茎露了出来。专家说王某没有问题，这是隐匿性阴茎，是由肥胖引起的，不会影响将来的结婚和生育，叫王某回去要注意减肥。

从医院回来，我再次对王某进行了心理辅导。王某有很多担心，他问阴茎小怎么办。我说阴茎勃起时的大小与阴茎松弛时的大小无关，因此不必担心。此后，王某又说他过去有晨勃现象，也时常有遗精，但这几年很少产生性欲，也很少有晨勃现象，甚至没有遗精。我说因

— 153 —

为他这几年一直处于抑郁状态，抑郁可能导致性欲减退甚至没有性欲，因而晨勃和遗精减少属于正常现象。此后，王某还担心阴茎太小会影响将来的婚姻，我则教给他一些提高性生活质量的方法，并对他提出的其他问题一一解答。最后，王某说他放心了。

为了进一步确定王某没有生理疾病，我们下午带他去了另一家医院。这家医院的医生认真地对王某做了检查，在检查中，王某的阴茎自然露出，看起来和正常人没区别。王某的家长问医生阴茎小怎么办，医生说阴茎勃起的大小和松弛时的大小无关，王某一切正常，不会影响将来的结婚和生育，他们的顾虑是多余的。

经过两个医生的检查后，我再次对王某做了心理辅导。此后，王某相信了医生的话，认为自己没有问题。他说，上大学后第一次去公共澡堂洗澡，洗澡出来后，一个男同学笑他阳痿，而他只看见自己的龟头而看不到阴茎，因此认为自己阴茎有毛病。此后，他不敢再去澡堂洗澡，也不敢见同学，更不敢去教室上课，因为担心会遭到同学的讥笑。就这样，他每天待在宿舍，上网打游戏或看小说，但他并不喜欢玩游戏，也不知看的是什么小说，只是消磨时间而已。

我问他为什么不和班主任说，不找学校的心理咨询师，也不告诉家长？他说，他以为自己天生有病，无法治愈，而每次回家想和家长说时，家长就责备他学习不用功，没追求。听到家长的责骂，他连和家长说话的兴趣都没有了，就这样一直耽误着。

我问他为什么这次愿意讲出这件事？他说因为听了我的开导后，决定要重新开始生活，所以必须解决所有的心理负担，而这个是他心理最大的负担。王某说，读小学三年级时，几个男同学曾经脱了他的裤子抓了他的阴茎，而他没敢和家长说。直到最后阴茎发炎红肿无法走路，家长才带他去医院检查并做了包皮切割手术。那时，他还能看见自己的阴茎。可上大学后，却看不见阴茎，只看见龟头，特别是被同学讥笑为阳痿后，他更坚信自己有问题，因此不敢去教室上课，不敢和同学交往，最终被学校劝退。

王某放下了包袱后，我问他打算以后怎么办？他说自己还年轻，准备重新参加高考。第二年，王某告诉我，他又一次考上了北京另一所名牌大学，他说今后会用心读书，也非常感谢我的帮助。

多年后，王某大学毕业。他的母亲告诉我，王某考上了公务员，如今工作、生活、婚姻都正常。因此，他母亲也非常感谢我，认为是我让他们的家庭走出困境。

【案例分析】

家长发现孩子学习成绩突然变化时，不要被表面现象迷惑，一定要寻找背后隐藏的原因。

对于男孩，家长要关注他们阴茎的发育。在我国，一些家长羞于和孩子谈性的问题，但性并不是无师自通。虽然现在网络发达，但网上很多错误的信息容易被孩子接收，无形中给孩子带来很大的压力。如网上很多大阴茎的图片，那是被人们刻意挑选出来的。因为人种的原因，我国多数男人的阴茎并不像网上的图片那么大，但不影响将来的夫妻生活，更不影响生育。可很多孩子对照网上的图片觉得自己阴茎短小而自卑，甚至引发严重的心理疾病。

隐匿性阴茎是指阴茎埋藏于皮下，阴茎体与包皮多呈分离状态。阴茎外观短小，包皮外口似鸟嘴状，用手握住阴茎同时将周围皮肤后推，可显露阴茎体。但大多包皮不能上翻而露出龟头，所以容易被当作包茎、包皮过长。

隐匿性阴茎有些需要手术治疗，有些不需要，因此要及时发现，及早治疗。需要手术治疗的隐匿性阴茎是一种阴茎体发育正常而显露异常的先天性生殖器畸形，发病率为0.67%，如果不及时治疗，会造成患儿心理和生理障碍，也会导致患儿成年后性功能障碍。在临床上以肥胖儿多见，患者常常因阴茎外观小、排尿费力或湿裤就诊。

专家指出对于这一类的患儿，切不可盲目切除包皮。盲目切除包皮对于隐匿性阴茎不但起不到治疗的作用，而且适得其反。隐匿性阴茎和包皮过长的症状完全不同，因此治疗方法是不一样的。如果是包皮过长或者包茎，那么切除是最佳选择，但是如果是隐匿性阴茎，就不能盲目地切除，而应该进行阴茎松解延长整形。如果盲目切除，往往可能导致阴茎包皮被切除过多，最终导致包皮过短。

包皮太长不行，太短也不行，切得太短，反而会妨碍阴茎发育。所以有些被误诊的患儿，被错误地切除包皮，最后包皮过短，只能重新进行松解手术。但现在很多家长，总希望儿子的阴茎长得越大越好，因此，有些家长会主动带孩子去做包皮切除手术。人的成长要顺其自然，除非迫不得已，医生建议必须手术外，家长盲目带孩子去做包皮切除手术，可能适得其反。如果孩子的包皮能自然翻上露出龟头，就没必要进行包皮切除手术。

方立珍主编的《怎样与孩子谈性》写道：一般认为，在男性肥胖儿中，肥胖会使垂体后叶脂肪化，导致垂体功能下降，甚至丧失，不能释放促性腺激素，使男性激素分泌减少，从而导致小睾丸、小阴茎症及第二性征缺乏、女性化病态等。也有人认为孩子从小出现肥胖，其睾丸间质细胞被脂肪细胞浸润，从而影响间质细胞产生男性激素的功能，导致男性性发育不良。

这里所说的是一般情况。在临床中，男人阴茎的大小与身高、体重没有必然的联系。不过，无论是孩子还是成年人，皆需养成运动的习惯，保持适当的体型，这对生理和心理健康都是有好处的。因此，作为家长应培养孩子良好的运动习惯。坚持适当的运动有利于身心健康，也会让孩子比较自信。

【案例处理】

这是我接手的第一个因为性心理问题导致退学的案例，我挺为王某感到可惜的。如果他早一点将此事告诉家长，或找心理老师说出他的顾虑，就不至于上了几年大学后被退学再重新高考。王某的家长也有责任。如果他们能及早寻找儿子学习成绩下降背后的原因，不至于拖了几年才发现是心理压力导致学习成绩下降。王某说，如果父母不是只关注他的学习成绩，他会早一点告诉父母。他说，每次放假回家想告诉父母实情时，他们就谈学习，一起责骂他，所以，他就不想谈了。而这次，看到家长真正关心他，希望他健康快乐而不仅仅关注他的学习，所以他才愿意向家长吐露心声，也才真正解决了他的心理困惑。

此个案，虽然咨询最初的出发点是因为王某多门功课不及格被退学，但我没有责备王某，而是在鼓励王某的同时，和他探讨恋爱、怀孕、人流等知识。这是第一次有人和他讨论这方面的问题，才促使他说出对自己阴茎的困惑，也才让家长意识到过去只关注孩子的成绩，忽视孩子内心的需求，因而耽误了孩子心理问题的治疗。

感谢王某对我的信任，我的帮助让他敞开心扉，告诉家长他对自己阴茎的担忧。我们带着他到两家医院检查，确诊王某是隐匿性阴茎，只需要通过运动减肥就可以，而不用通过手术治疗。此后，我和王某及其家长上网查找了有关隐匿性阴茎方面的知识，并通过心理辅导打开了王某的心结，对王某开展性教育，解除了阴茎短小等对他造成的心理困惑。

从第二个医院检查出来后，王某非常开心，说："阿姨，你陪我喝酒吧。"我也很高兴，所以和王某一起喝酒，并希望他能彻底走出困惑。当天我也问他，是否还有其他困惑想和我探讨。他说还有很多关于性方面的困惑，想单独和我谈。

虽然我是女性，但王某和我谈性方面的话题特别轻松。王某确诊为隐匿性阴茎后，和我探讨了他对未来婚姻生活担忧等很多方面的问题，最终他解除了心中的很多困惑，从而放下包袱，决定再次参加高考。

我还特别问王某，谈论性方面的话题，是否需要他的父母一起参与谈论，但王某说只希望和我单独谈，这样他会更自如一些。如果和父母在一起，很多话题他不敢说。这也说明，一些家长不能很好地承担孩子性教育的第一任老师的责任。

【咨询效果】

这是我咨询成功的案例之一。多年来，王某及其家长对此一直非常感恩。在此之前，王某的父母多次带着他进行心理咨询，甚至请一些著名的心理咨询专家对其进行心理辅导，但很多心理咨询师关注的只是王某学习成绩下降的问题，鼓励他多努力、要有意志力等。在当时的激励下，王某认为自己可以顺利完成学业，因而对未来充满信心，但他的心结并未打开。所以，心理咨询后他还是不愿意走进课堂，最终退学回家。

我应王某家长之邀，到王某家进行心理咨询。因为时间充裕，所以我和王某进行了多方面知识的交流，特别是关于恋爱、怀孕、人流等知识，这是王某从未接触过的。我平和、诚恳的态度让王某第一次认识到父母对他真诚的爱，所以他才把关于阴茎方面的困惑说出来。

因此，个案咨询非常成功。此后，在我的鼓励下，王某继续参加高考，再次以优异的成绩进入大学。大学毕业后他考取公务员，顺利走进职场，结婚生子。

【反思和建议】

此个案让我印象深刻，因此，我将个案写出来后征求王某及其家长的意见。开始他们担心我会暴露他们的家庭情况，给他们的生活造成困扰。但看了我写的文章后，他们愿意让我公开发表，希望更多家长看到这篇文章，也希望更多家长能给予孩子真正的关心，而不是只关注孩子的学习成绩。

如果家长没有足够的知识储备或没有足够的经验、勇气和孩子自然地谈论性知识，也可以请有关的专业人士承担这方面的教育。比如寻求经验丰富的心理咨询师、性教育专家等，对孩子进行性教育。

越早对孩子进行性教育越有利于孩子身心健康成长。我们为了孩子将来生活得更好，让他们学习各种文化知识和专业技能；那么为了提升孩子生活的品质，我们为什么不可以坦然和孩子谈论性知识呢？婚姻是人一辈子的大事，而婚姻中重要的就是了解关于性方面的知识，为什么不可以像其他科学知识一样坦然告诉孩子？性不是肮脏、丑陋的，也不是神秘、不可探索的。性是一门科学知识，是可以大大方方和孩子谈论的。

25　怀孕了怎么办

一个 15 岁女生怀孕后，非常无助，不知该怎么办。痛苦和伤心的她将此事告诉了班主任。班主任了解到她的男友是同班同学，于是打电话叫他们双方家长来学校处理这件事。

双方家长赶到学校后，吵成一锅粥，几乎要动手打架。女生家长责备男生家长没有管教好他们的儿子，要告他们儿子强奸，并让男生写下保证书，保证以后绝不再和女生联系，否则将他告上法庭。

女生看见父亲让男友写下不再与她交往的保证书后坚决不回家，说要生下孩子，即使父亲给她下跪求她回家，她也不同意回去。当时两家人在学校吵得一塌糊涂，双方家长无法达成协议，引起很多人围观。无奈之际，女孩的父母找到我帮忙，希望劝导她回家。

【咨询过程还原】

我问女孩："你刚满 15 岁，生下孩子后怎么办?"女生说，男友的父母已经答应帮他们养，男友也决定出去打工养活他们。女孩非常天真地对我说："老师，小宝宝好可爱呀。你们为什么不同意我生下来呢?"我笑着说："你也是小宝宝，怎么能养活小宝宝呢? 你才 15 岁，要到 20 岁才能领结婚证，还有 5 年时间，你只能做未婚妈妈，压力一定很大。"我接着说："你不能负气离家出走，或者跟男友逃跑，你爸妈该多担心你啊!"女孩说，爸爸让男友写了保证书，不准男友来找她，也不能联系，那么回家后就再也见不到男友了。我告诉她说："你还小，所以你爸妈反对你们来往。如果你们已经成年了，你们的婚姻可以自己做主，家长也很难干涉。只是你们现在还小，未来感情发展怎样也无法确定。你们可以打电话或发短信，但要学会争取爸妈的理解。"然后，女孩说希望男友能与她见一面。于是，我让她给男友打电话，让他们见面再谈谈，并希望男孩劝女孩和父母回家，并去医院做流产手术。女孩看到男友来了，开心得不得了。但女孩的母亲看见男孩过来，立即反对他们见面。我制止了女孩的母亲，我说："你的女儿现在怀了这个男生的孩子，她只听男友的话。她无论如何都是不肯跟你们回家的。你还这样干涉不是逼死孩子吗？刚才他们告诉我，当得知怀孕后，他们想过自杀和离家出走。这是你们想看见的吗？孩子是错了，但我们应该帮助他们将错误和伤害减到最低。女儿怀孕你也有责任，为什么平时不和孩子谈谈性教育呢？"

女孩的母亲说，自己以前老实得很，哪像现在的孩子这么开放？我告诉她，现在的孩子接触网络和各种媒体的宣传比过去多，他们接触到的信息鱼龙混杂，需要家长多加引导。最终，女孩的家长平静下来。

我先让女孩和她父母单独谈，我再和女孩的家长谈。最后我告诉女孩，要学会理解家长，因为家长爱她。通过努力，女孩同意做流产手术。双方家长答应一起陪同孩子去医院，但在去医院的途中，双方家长再次发生争执。两个孩子在他们吵闹时又跑了。双方家长只好返回学校，但找不到两个孩子。此后，两个孩子也没有回学校读书。

【案例分析】

青春期孩子因为互相吸引产生爱情并开始恋爱，这是一种正常的情感需要。很多家长对此并不理解，还用传统思想一味地强求孩子不能谈恋爱。家长越是盲目地制止孩子恋爱，越会导致孩子躲着他们谈恋爱，最终可能造成女孩多次怀孕或流产。很多女孩有过多次人流的经历，但家长并不知情，这严重影响女孩的身心健康。

在本案例中，班主任听到女生说怀孕后，第一时间打电话给双方的家长，让他们处理这件事，这做法有些欠妥。当知道女生怀孕后，班主任应尽量先通知女生的家长处理这件事。对于是否告诉男孩的家长，需要由女孩的家长和孩子协商决定。因为15岁左右的学生恋爱怀孕，他们将来是否进入婚姻，这是一个未知数。所以，女生怀孕是否通知其男友家长，应该由女生及其家长协商决定，而不是直接通知男生的家长。

在传统思想影响下，女生未婚先孕，特别是女生年龄很小，如果怀孕流产后，和男友分手可能性很高，因此一般不建议通知男生的家长，除非女生及其家长都认为必须通知男生的家长。此外，如果女生希望将孩子生下来，男生的家长也同意帮他们养孩子，那么可以把孩子生下来，但是否生孩子需由女孩及其家长共同协商。本案例中，女生的父母不同意孩子生下来，因为女生未成年，所以需要考虑其监护人的意见。

【咨询效果】

该案例中女生非常瘦小，男生也只有 15 岁，和女生是同班同学，也很瘦小。他们的思想不成熟，而家长也缺乏处理问题的经验。虽然在我的劝说下，女生同意去流产，但去医院的途中他们的父母互相指责和对骂，因此他们再次逃跑了。案例中双方的家长均生活在偏僻的农村，都是老实的农民，缺乏性教育的能力。

显然，此次心理咨询的效果并不理想。

【反思和建议】

本案例中女生的父母让男生写下保证书，不允许他和女孩再联系。如果强行让他们分开，他们可能更加逆反，甚至导致他们离家出走或自杀等。因此，对于青春期孩子，家长需要适度放手，学会尊重他们，而不是一味指责。

在处理类似的问题时，我认为如果女生怀孕了，最好先通知女生的家长，至于是否和男生的家长交涉应由女生和其家人协商，不要轻易和男生的家长交涉，因为女孩今后不一定和男友结婚。即使让男生负责任，他除了给钱还能负多少责任？

透过这些事，我想提醒学校和家长，我们可以教孩子语文、数学、地理、历史、英语等知识，为什么不可以和孩子大方地谈性知识呢？对于性，孩子并不是无师自通。在我身边长大的 4 个青春期孩子，他们都顺利成长。我一直给他们讲关于恋爱方面的知识，以及自我保护、怀孕、避孕等知识。在学校我也非常坦然地和学生谈性知识，因为学生需要正确的引导。

从 2013 年开始，我们学校在广东省计划生育协会的组织下，开展了"青春健康进校园"的活动，组建青春健康同伴教育社团，由学校心理老师指导学生，通过宣传关于生殖健康、避孕、性传播疾病的预防等方面的知识，让学生关注生殖健康教育，懂得自我保护，促进学生身心健康成长。

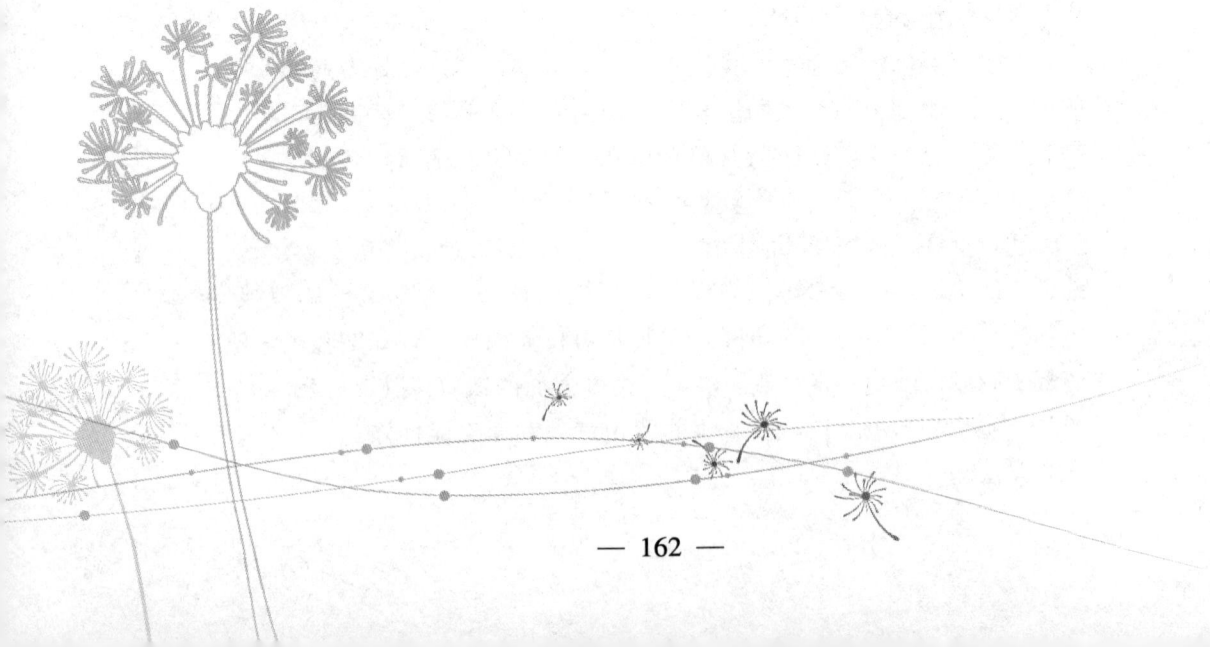

26 遭遇性骚扰后

　　王丽来到心理咨询室让人眼前一亮。这是一位青春靓丽、身材迷人的女生。她说非常困惑，为什么她总遭遇性骚扰，不知如何避免这样的现象。

【咨询过程还原】

　　"老师，我很困惑，我怎么总遇到已婚男老师对我进行性骚扰。"王丽说初中时，她能歌善舞又很爱打篮球，经常和男同学一起打篮球。体育老师对她特别关心，经常在楼梯口或没人的地方，抱她或摸她。这让她非常害怕，但又不知怎么办，也不敢告诉家人。

　　初中一个物理老师离婚了，物理老师的儿子和她在同一个班。王丽说，她本来物理很好，非常喜欢上物理课，物理老师经常表扬她。有时她去问老师题目，物理老师会对她说："你长得很漂亮，肯定有很多男生追"或"如果我是你这样的年龄，一定追求你"等暧昧的话。一次物理老师喝醉酒，遇到她和另外两个女生，物理老师拉着她的手不放，要她去他家，她吓坏了。

　　一天物理老师看到她单独一个人，对她说："你晚上来我家，我要亲你。"之前，她刚看了一本写给少女的书，里面讲了很多少女被强暴的故事。她不知道老师一个人在家要叫她去干什么，很害怕所以没有去。第二天物理老师喝酒了，在楼梯口堵住她，并抱了她，后来听见脚步声才放了她。从此她上物理课不敢抬头，不仅讨厌和害怕他，更是恨他，她的物理成绩一直下降，导致没考上理想高中。

　　王丽问："老师，为什么我经常遇到这样麻烦的事，其他女同学却不会。像这样的事不只是这两个老师，还有我邻居、一个警察叔叔也骚扰过我。老师，是我错了吗?"她说，因为她经常打球和跳舞，所以喜欢穿紧身衣服，体育老师总夸她身材好，比别的女生漂亮。这些成年男人的性骚扰让她非常恐惧。

【案例分析】

王丽身高1.68米，高挑又性感、皮肤白皙、青春靓丽、气质非常好，是我见过的最漂亮的女生。这样的女生对异性充满吸引力，而那些教师，原本应该受到学生尊重，却利用职务之便，骚扰或性侵学生。

《指导纲要》认为全面性教育应培养相互尊重的社会关系和性关系，帮助儿童和年轻人学会思考他们的选择如何影响自身和他人的福祉，并终其一生懂得维护自身权益。全面性教育基于人权的教育方式包括提升年轻人的权利意识，鼓励他们了解自己的权利，承认和尊重他人的权利，并帮助那些权利受到侵犯的人。这种权利包括在无强迫和暴力的前提下做出安全负责任且相互尊重的性决策，以及获取能够帮助他们进行有效自我保护的信息。

因此，在学校开展性教育时，要提高学生自我保护意识，对违背他人意愿的性行为要有基本的鉴别能力。

【案例处理】

我告诉王丽，虽然学生对老师很信任，多数老师也值得我们尊重和信任，但不可否认，老师中也会有个别败类。因此青春期的女生要多留一个心眼，面对老师的性骚扰，要敢于反抗并及早告诉家长，这样就能避免他们继续伤害其他学生。

我告诉王丽，因为她发育得成熟，又长得漂亮，身材也好，所以视觉上会引起一些道德水平低的男人的欲望，但这不是她的错。但为了更好地保护自己，单独一个人的时候尽量避免穿紧身性感的衣服，因为多数男人是视觉动物，看到穿着性感的女性就会心怀不轨，尤其是对年幼单纯的小女生。因此，如果女生穿性感、暴露、紧身、透明的衣服，往往容易诱惑男性，甚至因此遭遇不测。

而且，女生不能用职业来判断一个人的好坏。老师、警察、医生中也有极个别是道德败坏的人，比如个别老师或医生，常常利用职业之便进行性骚扰。对于有些离异或妻子不在身边的男老师，女生应避免和他们单独相处。

因此，一个人的职业与他们的道德修养没有必然的联系。虽然老师本应为人师表，但并不是所有的老师都能有高尚的职业道德。而性骚扰或性侵行为的发生与犯罪分子个人的道德有关。因此，希望王丽明白，即使对方是老师或警察，他们也是男人，不要因为他们的职业光环而降低对他们的防范意识。

【咨询效果】

通过咨询后，王丽知道今后对异性应当多一份防范，即使对方是老师、警察，也要首先把对方当成男人，多一份警惕，就多一份安全感。另外，在舞蹈室可以穿舞蹈类的衣服，但在学校应尽量穿宽松的衣服。如果在家人陪伴下，可以穿得性感、漂亮一些。

通过咨询，王丽解决了她心中的困惑，同时也懂得在今后的生活和学习中，如何更好地保护自己。

【反思和建议】

《指导纲要》提出：年轻人应该有机会了解与性虐待或性侵犯有关的服务，例如社会心理支持、艾滋病病毒暴露后预防，以及涉及怀孕、性传播感染和艾滋病病毒等方面的相关服务。因此，当遭遇性骚扰、性侵犯后，女性要善于利用社会支持系统，帮助自己走出困惑和烦恼。如王丽遭遇性骚扰后，懂得尽早求助，获得社会心理支持。

我们的性教育经常是注重培养女性的自我保护意识，但性骚扰或性侵的始作俑者是男性，因此性教育经常忽视了对男性性自控力的培养，所以，家庭、学校需要加强对男性性自控力的培养。

青春期的男孩，对于很多家长来说都很头痛，不知道怎么对他们进行性教育。在这样一个关键的时期，家长恰当的性教育和正确的态度对男孩的性心理健康成长极为重要。我们可以告诉青春期的男孩，性欲是一种巨大的力量之源、一种令人惊讶的能量引擎，促使人类繁衍。没有性，就没有人类。这种性欲的力量推动人类生儿育女。每个人在具备生育能力的时候都会产生性欲，产生性的能量。我们的感官对性感的事物会做出反应，产生性欲；感受到性欲的冲动后，就希望能激发别人的性欲。

如果我们能让孩子们从小认识欲望的力量，培养他们控制欲望的能力，就能让青春期孩子从容地面对性的躁动，而不会因为产生性的欲望就必须立即获得满足，甚至用一些非法的手段获取，如强迫别人与自己发生性行为等。

我们要告诉男孩，欲望是一种我们必须学会控制的能量。而那些没有学会控制自己欲望的人是危险的。而且，任何一种欲望都可能因为所见所闻、所思所想而变强或变弱，性欲也一样。所以，减少观看色情网站，减少阅读黄色书籍等，都能使性欲望减弱。

当然，青春期的男孩，对性存有好奇心，渴望了解更多性的知识，并从掌握的知识中学会控制自己的行为。学校和家庭必须关注男孩的性教育。如果男孩没有正确的性观念，不懂得管理自己的性能量，就有可能导致以下问题：

1. 性压力与攻击性行为

性压力会导致压抑的心理，如果长时间无法释放出去，就会成为一种烦恼。当这种心理状态达到一定程度之后，就会以极端的方式表现出来，做出攻击性行为。这也是导致青少年强奸女性的主要原因。

攻击性行为也称侵犯性行为，是指个体有意伤害他人身体与精神，且不为社会规范所许可的行为。攻击性行为是男孩中比较常见的一种社会行为，对男孩的人格和品质都有消极影响。

很多研究都表明，未成年人的强奸行为和性压力有一定的关系。一些未成年人的强奸行为并不是蓄谋的，而是因为未成年人一时冲动而做出的。如果性压力长期得不到释放，又不知道缓解的方法，就容易对熟人做出攻击性行为。

2. 性压力与性暴力

我们向孩子讲性教育时，很多时候只是提醒女孩做好自我保护。其实，对男孩进行性教育同样重要，特别是性伦理、性道德、性能量的自我管理和控制等方面的教育。教他们用适当的方式宣泄或转换自己的性压力，而不是用违法的行为去伤害女性，否则伤害的也将是他们自己。只有加强对男性的性教育，让他们学会尊重女性，培养他们控制性能量的能力，增强他们的自制力，做一个守法的男人，不做性侵女性的事，才能真正减少性侵案件。

3. 以恋物等方式得到满足

现在的孩子普遍营养充足，发育成熟得早，以及受到不良信息等的影响，他们对性方面充满了渴望和好奇。在青春期，当正常的性需要无法通过异性来满足时，有些人就会以恋物等方式满足，如恋物、窥阴、露阴等。

过去，我们常把不同于主流社会认可的性行为方式称为性变态，但现在一些性学家如方刚等认为，只要这些性行为方式不侵犯他人的利益和人权，就需要得到尊重。这是以人为本的态度，也是充分尊重性多元选择的方式。我认为不论是强调性人权，还是强调性平等权、性自由权，都应该建立在不违背他人意愿、不伤害他人性人权和利益的基础上。当然，还必须建立在遵守法律规范的基础上。

当男孩到了恋爱的适合年纪，家长要鼓励他们正常的恋爱，向异性表达自己的爱慕之心。对于无法拥有性伴侣的青春期的男女，适度的自慰是正常的，也是可以被理解和接受的。当然，有些性宣泄方式如果伤害到他人，那就需要调整或改变，如窥阴、露阴的方式，常常会给女性造成不适，会给女性带来骚扰，那么就需要男性做出改变。

家长可以告诉孩子缓解或转换性压力的方法，比如培养积极的兴趣和爱好。根据能量守恒的原理，能量也是可以转换的，如把性能量转换到运动场上，或是对创作艺术的追求上等，都是一种健康的性转换方式。如一些体育生年轻时性能量爆满，都是通过运动的方式发泄的。

除此以外，我们还要教育男性尊重女性。如果女性遭遇性侵，她们可能一生都会郁郁寡欢，每一个女性几乎都会成为母亲，而一个受伤的母亲会影响她的孩子。

27 约见网友要谨慎

女生前来咨询时哭哭啼啼，也不说话。已是炎热的夏天，但她穿着严严实实的长衣长裤。我非常奇怪，问她为什么穿得这么严实。她脱去衣服，伸出胳膊，并将背部给我看，她的胳膊和背部布满了血丝，她告诉我这都是被衣架抽的，她昨晚被强奸了。

【咨询过程还原】

1. 女生第一次主动到心理咨询室

女生告诉我，她今年 15 岁，第一次离开家到外地读书，很孤独，通过 QQ 认识一个网友。她说第一次与网友见面时，彼此都留下了很好的印象。昨天是他们第二次见面，吃过晚饭后，他们一起去散步。走到一栋楼下，男青年说那是他租住的出租屋，让女孩上去坐坐。女孩认为只是上去坐会，没什么太大问题，于是跟着男青年上去了。进屋后，男青年把门锁起来，要和她发生性行为。她不同意，男青年便用衣架抽打她。最后，她只好同意。男青年强迫她住了一个晚上，第二天早上让她回去。学校晚上查房，发现她没在宿舍。第二天早上她回到学校，衣服很凌乱，不愿意告诉老师发生了什么事。

我十分气愤，希望她报警，但她不同意，担心更多人知道后自己没法做人。我提出告诉她家人。她说她以前有一个姐姐，刚结婚。父母长期在外打工，很少联系。她不愿意他们担心她，所以，坚决不同意我告诉她的家人。于是，我只能提醒她以后要学会自我保护，并和她所在学校的心理老师联系。由于遵守保密原则，我并没有告诉他们该女生发生了什么事，只是说女生家庭发生意外，希望老师多关注她的行踪。

2. 学校要求她再次接受心理咨询

第二天晚上10点多，女生所在的学校告诉我，她晚上又出门了。学校安排老师跟踪她，发现她和一个男青年在公园见面，于是老师把她带回学校，并要求她再次和我见面。这次她告诉我，她被那个男青年要求与他见面。

我说："你为什么还要与一个强奸你的男青年见面呢？"女生说，答应和他发生性关系后，他对她很温柔。我说她太单纯了。她说她从没离开家，而父母忙于生计很少和她交流，姐姐结婚后和姐夫感情也不好，经常吵架，也没时间关心她。来到新的学校，她很孤独，又不善于与人交往，觉得这个网友是她唯一的朋友。

女生的单纯和幼稚，让我无法相信她不会再次上当受骗。所以，我提出必须和家人谈谈的建议。最后她同意我告诉姐姐。姐姐听完后非常伤心，说妹妹第一次出门没见过世面，还这么单纯。之后，我和女孩所在学校的校长沟通，学校也希望女生的姐姐过来接她回家，休养一段时间再考虑是否回学校。

3. 和女生的姐姐沟通

女生回家前，我和她的姐姐进行沟通。姐姐告诉我，因为父母长期在外打工，妹妹从小缺少关爱，而且非常单纯幼稚，对外面复杂的社会不了解，也缺乏自我保护意识。

我提醒姐姐，妹妹回家后，要去医院检查，一方面检查是否怀孕，另一方面检查是否感染上性病。一定要告诫妹妹，不要随便和陌生网友见面，提高防范意识，否则可能再次受到伤害。

4. 女生返校后学校要求她再次接受心理咨询

女生回家调整两周后，坚决要求返校继续读书。女生所在学校则要求她必须再次接受心理咨询，并且要在看完我写的心理咨询意见后，才决定是否同意她返校。

通过和该女生的姐姐共同做工作，该女生答应不再和那个男青年见面，学校才同意她返校。

【案例分析】

此个案说明，一些来自偏僻地方的女生，她们从小没有接受过任何性教育，缺乏一定的自我保护意识，单纯幼稚，容易轻信他人。如今轻率地和陌生网友见面，甚至轻易单独和异性同居一室，都会给女生的安全造成威胁。

《指导纲要》指出，暴力是对人权的侵犯，也增加了妇女、女童和弱势群体感染艾滋病病毒和非意愿怀孕的概率，还会带来其他健康和社会问题。全世界有1.2亿女童（超过十分之一）曾经历过强制性性交或其他胁迫性性行为，或在人生中的某些阶段经历过其他各种形式的来自亲密伴侣的暴力。

无论是男孩还是女孩，都可能受到儿童性虐待的影响。国际研究显示，大约有20%的女性和5%～10%的男性曾在孩童时期遭受性暴力。全世界范围内的调查显示，大约每三位女性中就有一位（35%）一生中曾经遭受过来自亲密伴侣或非亲密伴侣的身体或性暴力。

【案例处理】

该个案中女生在受到伤害后主动前来咨询，因为她在学校听过我的心理讲座，所以主动求助。但没想到第二天晚上，她再次和那个强奸她的网友见面。她认为同意和那个网友发生性关系后，那个网友对她很好。这说明女生非常缺爱，也很单纯幼稚，竟然会对一个强奸她的男性产生感情和依恋。由于女生不愿意父母担心她，所以我在征得女生同意后，和她姐姐取得联系，将发生的事情告诉了她姐姐。

当女生第二天晚上外出再次见那个强奸她的男人后，考虑到该女生单纯幼稚，没有自我保护意识，我电话联系该女生的姐姐，认为必须将此事告诉她所在学校的校长，因为我无法确保她的安全。女生的姐姐也同意我这样做。

此后，该女生所在学校建议她回家休养一段时间。在这段时间，她姐姐和我共同教育她。回家休养两周后，女生要求返校读书。返校后，她没有再和那个网友联系。

【咨询效果】

第一次咨询后，女生第二天晚上再次见网友。一方面，说明女生从小缺爱，所以对于强奸她的网友也会产生依恋；另一方面，也说明我咨询效果不理想，没有引起女生对自我保护的重视。

女生回家休养一段时间返校后，明显成熟很多。也许回家后，姐姐的关爱让她懂得爱惜自己。女生返校后，其所在学校要求她再次咨询，并让我给出咨询后的意见。我也看到，经历这次事件后女生有了变化，所以再次和她讲了相关的性知识和自我保护的建议。

【反思和建议】

通过咨询，女生也许能逐渐走出被强暴的阴影，但通过这个案例，说明家庭和学校性教育的缺失，导致未成年女性容易遭遇性伤害。同时，也提醒初次离家外出读书或工作的女生，不要轻易相信男人，尤其不要单独进异性的房间；也不要轻易和陌生网友见面或共居一室。防人之心不可无，否则女性容易受到伤害。而学校在新生入学教育时也应该及时提醒女生，要有自我保护意识，多一份防范之心。即使是熟人，也不要单独和异性在狭小的空间相处。

但现在的女生自我保护意识薄弱，特别是现代网络通信发达，可以通过 QQ、微信等途径认识各种各样的人。很多女生轻率地见网友，甚至去网友的住处，或和他们开房，这些不谨慎的行为可能导致悲剧的发生。

有些女生社交面不广，社会阅历不足，导致她们非常轻率地相信他人。虽然很多异性值得我们信赖，但对于单独和异性相处，我们还是要保持一颗警惕之心。

为了避免伤害，预防强奸，女孩一定要注意深夜不要独自出门，尽量不要单独带男性回家或单独去男性的房间，衣着不要过分暴露或紧身；不要接受陌生人的饮料或食品。遇到危险时要正确地呼救，尽量与对方周旋，并选择适当的时机逃脱，也可适当使用简单的防身术，用自己身体最坚硬的部位攻击对方身体最薄弱的部位，比如用自己的额头撞对方的鼻梁，用膝盖撞击对方的下身等。对方宽衣解带时是攻击对方和逃脱的最好时机。

此外，如果遭遇不测，受害后要主动告诉最信任的亲人，尽早报警，一定不要保持沉默。最好在案发后 24 小时内，在亲人的陪同下及时向公安部门及法律机关报案。要学会通过法律手段惩治犯罪分子。受害人当天的衣物不要清洗，也不要洗澡，要懂得保留证据。否则，如果证据不足也难以立案。同时，如果成年人与 14 岁以下的幼女发生性行为，无论对方是否同意，均视为强奸行为。年龄小的受害者需要由监护人带领前去报案。

一些女性受到传统思想的影响，遭遇性侵后往往不愿意报警。一方面，她们担心犯罪分子的报复；另一方面，也担心自己遭遇性侵后，要承受社会舆论的压力，对今后的恋爱和婚姻产生不良影响，甚至担心找不到理想的配偶。但是我们对犯罪分子的软弱，会让这些犯罪分子逍遥法外，还会让他们继续侵害其他女性。

女性要相信，随着社会的进步，越来越多的男性对贞操观有了新的认识。真正的好男人也不会以一个女人是不是处女来鉴别女性对感情是否忠贞。所以，如果遭遇性侵，女性还是要勇敢地拿起法律武器保护自己，将那些犯罪分子绳之以法。

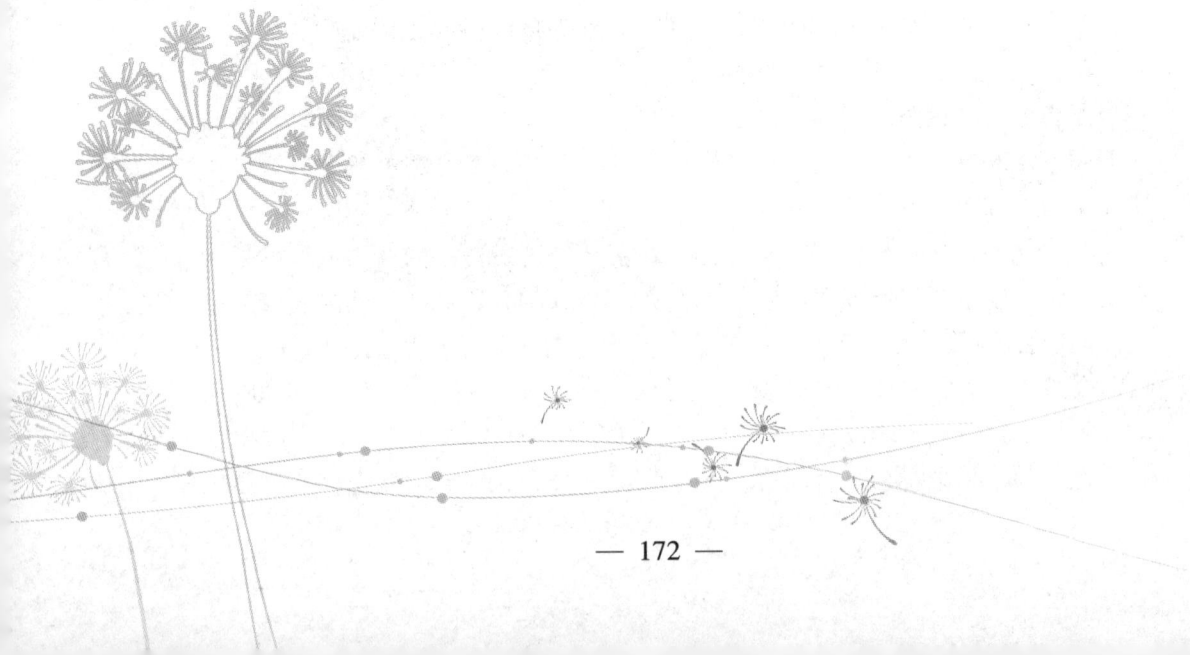

28　谁来帮帮我

"老师，我从网上查找到您的联系方式，知道您在妇女维权与信息服务站（简称"妇女维权站"）帮助了很多遭遇不幸的少女。我才15岁，和您说说心里话行吗？我被强奸后怀孕了，但不愿意告诉家里人。医院要身份证才能做手术，可我没有身份证。母亲怕我有身份证后外出打工，所以不同意给我办身份证。现在我怀孕6个月，不知道找谁帮我。我很痛苦也很着急，不知道怎么办？"看到女孩的短信，我立即约了这个叫小红的女孩。

【咨询过程还原】

1. 第一次心理咨询

小红告诉我，她父母和哥哥都在外打工，极少回家。她从小和爷爷、奶奶生活，因为是女孩，爷爷、奶奶不喜欢她。

升上初中后，小红开始住校，只有暑假才回爷爷奶奶家。由于性格活泼，喜欢和同学聊天，她与同学关系都不错。一次，老师看见她和另一个男同学打打闹闹，便告诉小红的母亲说小红恋爱了。母亲回家后，狠狠地批评了她，说他们在外打工那么辛苦，希望她好好读书，没想到她竟然谈恋爱。小红告诉母亲她没有谈恋爱，只是喜欢和同学一起玩，可母亲不相信她。

初三第二学期，五月底的一个晚上，其他女同学都回家了，只有她一个人在学校住。晚上七八点，她出去买吃的，经过学校附近的一个小山坡时，三个男生抓住了她，并在山上强奸了她，可她不敢告诉在外打工的父母，也不敢和爷爷、奶奶说。

"你什么时候知道自己怀孕了?""我早知道了。""为什么不早处理? 不告诉妈妈?"

"我们村里留守女童发生这样的强奸案太多了。告诉家里人,对方有的也是未成年人,最多抓去教育一下,然后给女孩家几百块钱补偿一下。但女孩的家人认为女孩让他们丢脸了,会打骂女孩,甚至将女孩赶出家门,村里人瞧不起她们,甚至因此嫁不出去,所以我们村里女孩被强奸后都不会告诉家人。她们会自己到医院做手术。"她告诉我,她陪过好几个女孩去做过人流手术。

"既然你知道怎么办,为什么不早点处理? 现在怀孕 6 个月只能做引产手术。""我去医院检查了,医生说要有身份证才能做人流手术。我只有 15 岁,妈妈没给我办身份证。我打电话求妈妈给我办身份证,但妈妈说很多女孩有身份证就出去打工。他们怕我也这样,所以不给我办身份证。"

"宿舍同学知道你怀孕了吗?"

"因为我一直没来月经,她们也有些怀疑。有一个女同学问我,是不是怀孕了。我承认了,还求她们借身份证给我,可她们说医院会留下记录不愿意借给我。"

"你知道自己怀孕,看着肚子一天天大起来,怎么承受得了?"小红说曾向父母提出国庆节回家,但父母不同意,她只好留在学校。她也很着急,可在这个陌生的城市,她不认识任何人,不知道找谁帮她。最后,她在网上查找到我的联系方式,知道我在妇女维权站帮助过很多遭遇不幸的少女,所以向我求助。

我开始给一些医院打电话,但每个医院都回复我,现在做人流手术,20 岁以下的人需要身份证。如果用户口本还需要未婚证,如果没有户口本,也可以由学校出具证明,证明女孩的身份。如果做引产手术,需要计划生育办公室开引产证明。20 岁以下做引产手术,还需要监护人的签字,因为引产手术存在风险。

我不断给小红做思想工作,希望她将此事告诉妈妈。可她说宁愿死或离家出走也不愿意告诉妈妈。没办法,我只好继续帮她联系其他医院,终于有一家企业办的医院答应帮小红检查后再确定是否做引产手术。于是,我让小红先回学校准备一下,于第二天在好友的陪同下做手术。

第二天，小红和一个好友去医院，但很快她给我打电话说医院不同意做引产手术，因为看到她怀孕6个月，手术风险高，必须家长签字。于是，我让她回到我这里。

2. 第二次心理咨询

小红回到我的咨询室后，我对她说必须告诉她的父母，可她哭着说，不能告诉他们。我说："不告诉家长，难道你想生下孩子或自杀吗？我不能替你父母签字，万一手术发生意外，你的父母会责备我，我也承担不起这个责任。"我接着说："造成今天这样的结果并不是你的错，你父母也没尽到责任。他们怎么能让你一个人在家，甚至几年都不回家看你？"女孩哭着听我责备她的父母，最后，同意告诉她父亲。

于是，我给小红父亲打电话，告诉他女儿被强奸了，现在怀孕6个月，提醒他们不要责备女儿因为女儿也是受害者。她父亲说先和妻子商量一下，然后，他们同意过来带女儿去做手术。

得知爸妈要过来带她去做手术，小红紧绷的脸放松下来了，她开心地对我说："老师，我妈妈很爱我。我就是怕她知道后受不了才不敢告诉她。"小红露出了稚嫩的微笑。

我说："这几个月你怀孕了还要上课，又不知怎么办，你心里一定很苦很烦恼吧？""老师，我每天都很开心，也从没想过自杀。如果我死了，爸爸妈妈怎么办？哥哥也会很伤心。虽然我不知道怎么解决，但我知道一定能解决，只是不知道哪一天，所以我告诉自己一定要每天开心。"我说："你太厉害，我都佩服你了。如果是我一定烦恼死了。你将来一定很有出息。""老师，你知道吗？我有很多理想。妈妈有个心愿，就是将来开店。我工作后会帮妈妈完成这个心愿。我对未来有很多计划，所以我每天都很用功。老师，这一次期中考试我考了班上第二名，因为我要实现自己的理想。""我相信你一定能实现自己的理想。你能承受这么大的痛苦，将来一定会很有出息。"

手术后，父母给小红请假，让她在家休养和调整一段时间，直到高二才返校。

3. 第三次心理咨询

小红高二返校后，再次到我的咨询室，感谢我对她的帮助。这次咨询，我告诉小红被人强奸不是她的错，她还是一个好女孩，不要因此自卑。还和她谈了关于今后恋爱或婚姻时，要注意的一些问题，不要背着思想包袱，要相信自己没有错，今后也可以拥有幸福的婚姻。

此后，小红用心学习。考上大学后，她特地把好消息告诉了我。

【案例分析】

中华全国妇女联合会 2013 年 5 月发布《中国农村留守儿童、城乡流动儿童状况研究报告》。报告中根据《中国 2010 年第六次人口普查资料》样本数据推算，全国有农村留守儿童 6 102.55 万人，占农村儿童人数的 37.7%，占全国儿童人数的 21.88%。留守女童性意识缺乏，导致受到侵犯而不自知，是留守女童身心安全的重大威胁。因此，事先预防刻不容缓。留守女童既缺少父母的关爱和监护，又缺乏性教育，这是导致她们容易遭受性侵的主要原因。

网上有很多关于留守女童被性侵的案例，因此农村留守女童性教育和性安全问题一直是社会关注的热点话题。有很多像小红一样的留守女童，她们的家长只会告诉她们不要恋爱，不要和男生交往。有些家长受传统思想的影响，当女儿遭遇强奸或因恋爱怀孕时，他们会认为女孩给家里丢脸，因此责骂她们。这导致更多留守女童发生伤害时选择沉默，甚至不愿意告诉家人。

如果性教育到位，女孩在受到侵害后，就会懂得如何寻求社会支持和帮助，或寻求女童保护公益组织或妇女维权站公益心理咨询师的帮助，而不是独自面对所有的痛苦。

【咨询效果】

通过心理咨询，小红同意将她遭遇强奸导致怀孕的事告诉父母，并在母亲陪同下做引产手术。此后女孩请假，被母亲带回家休假。放下心理包袱后的小红投入到学习之中，并顺利考上大学。

【反思和建议】

社会的发展越来越尊重人性。过去大学生不能结婚，现在大学生可以结婚，也可以生育孩子并保留学籍。但是，我认为在以下这几方面仍需要做出相应的调整。

1. 相关部门管理更加人性化，减少对未婚先孕女性的二次伤害

对像小红这样未婚先孕，因为没有身份证，又不敢告诉家长，我

们又该如何处理和解决呢？希望相关部门能出台更合理的制度，有更理想的办法能帮助这些女孩，尊重她们的隐私。如果一定要她们提供户口本或身份证，而有些家长不给她们，就会耽误她们及早进行手术。

2. 家长应给予女孩婚恋指导，帮助她们处理人流事宜

家长要明白，如果只是提醒女孩不要谈恋爱或责骂女孩恋爱，很可能导致女孩怀孕不敢告诉家长，或得不到家长的签字无法做人流或引产手术，最终受伤害的还是孩子。所以，如果家长爱孩子，就应在孩子青春期前给予有关的性教育。因为大量的研究和事实表明，单纯的"禁欲"教育是无效的，并且会给年轻人带来潜在伤害。因此，即使未成年女孩怀孕，也应该帮助她渡过难关，而不是责备孩子。

一些未成年少女未婚先孕，几乎都选择和好友或男朋友一起去做人流手术，却没有告诉家长。有的女孩甚至一年流产三四次，而家长一点也不知情。我希望女孩做人流或引产手术时，陪在她身边的是家长，因为家长的这份关爱和宽容会让孩子感恩家长，也让女孩懂得如何保护和爱惜自己！

家长或亲人应该成为孩子的婚恋指导师，在孩子青春期来临之前应主动给他们讲一些关于避孕和预防性病等方面的知识，并谈及恋爱方面的问题，而不是女孩已经成年了，对此还一无所知。

目前我国婚恋教育还没有进入校园，因而承担婚恋指导的责任首先是家庭里的成员。如果仅靠孩子自己摸索是不可行的。

一个父亲电话向我求助，他说发现即将参加中考的女儿最近特别爱打扮自己，经常照镜子。女儿的班主任打来电话，告诉家长说他们的女儿过于关注打扮，学习也下降了。但女儿不和他们沟通，经常把自己锁在房间。他不知女儿是否恋爱了，不知怎么和女儿沟通。因为还有50天就要中考了，父亲很焦虑。

我告诉这位父亲，爱是一种能量，女儿已经12岁了，家长应该主动和孩子谈谈恋爱方面的知识。如果女儿有喜欢的男生或被人追求，要为女儿高兴，因为读书时被人追求的学生通常比较优秀。父亲应主动向女儿认错，因为他没有及时关注女儿的心理变化，而只是关心她的学习，给她造成很大压力。

之后这位父亲按照我说的，主动向孩子承认他对她爱得不够。此

后女儿主动告诉父亲，因为模拟考试成绩不理想，压力很大。但班主任因为她学习成绩下降，对她也有看法，误认为她恋爱了。至于喜欢照镜子是因为她天生卷发，觉得不好看，所以用发夹把头发弄直一些。父女坦诚沟通后，女儿的心理压力减小了，父亲也很欣慰能和女儿坦然谈恋爱方面的问题。此后，女儿以优秀的成绩考上理想中学。

恋爱也是孩子成长中的一门重要功课，家长和老师应帮助他们正确面对成长中出现的性困惑。尤其是青春期孩子，面对性的烦恼，以及社会各种媒体的宣传和报道，导致他们获得了不少负面的知识。所以，更加需要家长和老师正确的引导。性教育和性知识并不是可怕的，可怕的是我们家长和老师不能正确引导。为了避免类似悲剧的发生，社会各界都应关注孩子的性教育。

3. 未婚先孕最好告诉自己的亲人

女孩无论因为何种原因怀孕，最好还是将事情告诉家长或其他能给予你关爱的亲人，主动寻求他们的帮助。也许家长会责备女孩恋爱或未婚先孕，但他们一定是出于爱，并且会尽力帮忙解决问题。同时，必须掌握避孕知识。不管年轻男性还是女性都有责任在发生性行为时采取避孕措施。

4. 必要时寻求心理咨询师的帮助

如果未婚先孕的孩子不敢和家长谈，也可以选择向信任的长辈求助，或主动寻求学校或社会公益机构的心理咨询师的帮助，而不是独自面对困境，因为心理咨询师的专业帮助，可以让你懂得如何面对今后的生活，尽快走出困惑之中。尤其被强奸导致怀孕的，更要及早告诉家长。如果遭遇强奸最好在案发后24小时内报案，以便办案人员取证。

29　遭遇猥亵后

　　一个班主任向心理咨询师求助，她说本班一个 17 岁女孩是高中的住校生。女孩从小被领养，初中前和爷爷、奶奶一起生活，爷爷、奶奶是养父的亲生父母。初中后和养父母生活。国庆节回家吃过午饭后不知为何昏昏沉沉，女孩回到房间睡觉。女孩在迷糊中感到有人在摸自己，但还没完全清醒过来，后来挣扎翻身看到有人跑出去，确定那个人是养父。因为当时家里只有她和养父，养母外出未归。醒来时她自己的衣服已被脱光。

　　元旦学校放假 5 天，养父第一次主动打电话叫她回家。过去养父从没给她打过电话。该女生不知怎么办，一边哭，一边向班主任倾诉。同时该女生刚与前男友分手，同学关系也有些紧张，又遭遇养父猥亵，不知道怎样办，于是主动向班主任求助。而班主任也不知如何处理，本校也没有心理咨询师，因而向外校心理咨询师求助。

【咨询过程还原】

　　因为不是当事人主诉的案例，而是通过班主任转述，所以需要班主任再次了解其他相关信息，需要和女孩进一步确定以下具体信息。

　　（1）女孩是从福利院领养的还是捡来的弃婴？

　　（2）女孩如何知道是被领养？谁告诉她的？得知领养后有什么感受？

　　（3）女孩与爷爷、奶奶关系如何？

　　（4）养父与养母的关系如何？

　　（5）养母的个人修养和人品如何？女生和养母的关系如何？

（6）女生在发生猥亵事件之前与养父的关系如何？发生此事后，对养父有什么看法？

据女童保护公益组织统计，发生性侵或者猥亵并不是都来自陌生人，绝大多数来自身边熟悉的人。从事心理咨询多年，我在妇联以及妇女维权站接触的性侵案件，多数是熟人作案，如亲生父亲、养父、继父、叔叔、伯伯、舅舅、哥哥、堂哥、表哥、表弟等。

本案女孩初中才和养父母生活在一起，他们的感情基础并不好，因为建立良好的亲子关系一般在六七岁之前。如果已经十二三岁，很难建立良好的亲子关系。由爷爷、奶奶带大的领养女孩，如果十多岁后才回到养父母身边，错过了和养父母建立亲密关系最佳时间，此后想建立良好的亲子关系不太容易。所以，女孩与其养父母的关系一般不会太亲密。因此，处理此类案例需要非常谨慎。

有些人建议遭遇养父猥亵或性侵，最好解除领养关系，但这并非易事。因为女孩已经 17 岁，再次被领养的可能性很小。所以，简单地建议解除领养关系不太合适。

还有人认为最好报警。一方面，报警取证非常困难，因为只要猥亵或性侵的一方不承认，几乎难以取证。此事发生在两人之间，如果女孩当时没有立即报警，事后取证非常困难，因此难以立案。另一方面，处理亲属之间的性侵案也非常困难。很多人受"家丑不可外扬"观念的影响，为了家庭整体的利益，不会让外人介入这样的家丑。即使不是亲人之间的强奸案，多数女性遭遇强奸后也不会选择报警，因为即使犯罪分子受到惩罚，但女孩甚至他们的家庭因此也会受到外界的非议，这会给女孩及其家庭造成二次伤害。所以，多数女性遭受性侵后会选择不报警。在我接触的性侵案件中，很少有女性在第一时间选择报警。如果报警，往往是家里的父母非常有智慧，或者此事对女孩造成非常恶劣的影响，不得已才选择报警。

在该个案中，女孩报警的可能性很小，因为时间也过去了很多天，取证困难，除非养父愿意承认他做了这样的事。

对于是否报案，需要了解该女生的想法。一般如果不是已经造成恶劣影响的情况下，还是以尊重女孩的意见为主，但如果养父是个十恶不赦的男人，不尊重女孩，甚至以暴力手段胁迫女孩与其发生性关系，或者今后还可能继续伤害女孩，那么最好在信任的亲人或老师陪同下报案。

【案例分析】

1. 建议班主任进行家访

家访应不以了解养父猥亵情况为家访目的，否则，难以了解真实的家庭关系。可以采取常规家访的形式，如期中或期末考试后，找个正当的理由进行常规家访，不要引起女生家人的怀疑。

家访时需要关注他们的家庭关系，可以先见见爷爷、奶奶，看看他们和女孩的关系如何，再对养父母进行家访。如果养母不是十分通情达理或善良之人，不要轻率告诉养母女孩的遭遇，否则，可能造成养母对女孩的继续伤害。如果养母是一个智慧、明事理、善良的女人，和养女关系也不错，那么这时候养母的关爱对这个女孩就非常重要。女孩可以寻求养母的保护和帮助。

如果班主任有能力处理，可以单独与养父交谈，告诉他，自己已经知道此事并警告养父不可再次发生这样的事，唤醒养父的羞耻心。因为发生性侵或猥亵案件往往与男人的性道德缺失有关，一般稍有良知的男人，在外人知情或劝解的情况下会顾忌他人的看法，不敢再次发生这些的行为。只要养父不再伤害女孩，可以答应替他保密，甚至不告诉其妻子。但如果养父不能从思想上彻底觉悟和悔改，那么可以警告对方，学校会带着女孩报警。如果班主任没有这个能力，最好请有经验的心理咨询师处理。

如果觉察到养父是一个专横跋扈、不讲道理、品行不端之人，那么可以通过妇联或相关的女童保护公益机构进行警告等，必要时报案。原则上，先顾及养父的面子，谨慎处理，不要将事态扩大。如果养父道德修养非常差，就不必顾及他的颜面。但无论如何处理，一定要做好保密工作，尽量减少知情人的数量，以防给女孩造成二次伤害。

2. 班主任要做好保密工作

性侵或猥亵等个案传播速度非常快，传统贞操观对女性的影响还是很大的。所以，不能因为惊讶就随便告诉其他人。在这种情况下，受害者可以寻求学校心理咨询师的意见。如果学校心理咨询师没有处理此类案例的经验，可以向当地的妇联、妇女维权站等寻求公益心理咨询师的帮助。一般妇联或妇女维权站的心理咨询师接触此类案例较多，他们有丰富的经验。

3．可以将此事向校长反映，但注意遵守保密原则

这类属于危机干预范围的事件，可以直接向校长反映，但要告知校长要遵守保密原则，特别不能在班上或在女孩熟悉的人群中传播，也不能在学校广为告知。在外界或公开场合，不要对女孩过分关心或关注，否则会导致女孩敏感，也会引起其他学生的好奇。在公开场合以正常的态度对待该女孩，但在私底下对女孩多关心。

4．寻找合适的心理咨询师对女孩进行危机干预和心理辅导

这对女孩的身心健康成长非常有必要。可以从以下几个方面和女孩交流：

（1）人的成长不容易，女孩虽然不幸，但也有幸被爷爷、奶奶收养，要懂得感恩。人生很多事情无法选择，所以，要接受每个人生命的不同。特殊的经历造就特殊的自我，应鼓励女孩勇敢面对不幸。

（2）关注女孩的情感挫折，对其失恋进行心理辅导。不要认为女孩 17 岁谈恋爱就是"问题少女"。学生恋爱是一种正常情感需求，但需要正确对待失恋。

（3）告诉女孩，其他女性在成长过程中也可能遭遇类似的事情。正如《指导纲要》所述，全世界范围内的调查显示，大约每三位女性中就有一位（35%）一生中曾经遭受过来自亲密伴侣或非亲密伴侣的身体或性暴力。这种现象虽然令人愤怒，但的确存在，因为有些男人道德水平很低。通过类似的案例，告诉女孩她并不是唯一遭遇这种事件的人，很多女孩在成长过程中都遭遇过猥亵或性侵，家长或老师要通过引导和教育，处理好这件事。这样可以减轻女孩的心理压力和自卑感。应教育女孩今后多个心眼，提高自我保护能力。未来如果做了母亲，也要对他们进行性教育。一方面要懂得自我保护，另一方面不要做出伤害他人的事。在未来的职业选择中，可以利用自己这段特殊的经历，帮助有类似痛苦的人，如参加女童保护公益项目等。

（4）提醒女孩自我保护。今后面对异性，多一分警惕，特别对养父，需要更加小心谨慎，注意尽量不要单独和养父相处。晚上睡觉，锁好门窗后，可以在门后放一些重的家具，如桌子等抵住门。如果有人开门，可以大声问"是谁?"如果养母不在家，尽量去爷爷、奶奶或是安全的亲属家住宿。对于养父给的食品或饮料也要留心，以防他会放安眠药等。如果养父还有让人不舒服的举止或行为，直接告诉他：

"爸爸，请您尊重我，我讨厌您这样对待我。我已经 17 岁了，知道您有什么想法，请做一个让我尊重的父亲。"因为女孩已经 17 岁，即将成年，应该更加勇敢，不要害怕、恐惧养父。女孩的大胆面对可能唤起养父的良知，制约养父的不良行为。

（5）青春期不要穿过于紧身或暴露的衣服，这是自我保护的一个手段。因为男人可能会通过视觉产生欲望，尽量穿宽松衣服是为了更好地自我保护。告诉女孩，今后回家多与其他同学结伴而行，晚上不要单独外出，不要接受陌生人的食品或饮料，不要单独与网友相处，尽量不要与异性同居一室等自我防范的注意事项。

（6）寒暑假和节假日，尽量和爷爷、奶奶在一起。如果有条件，也可以随同学一起，或到老师介绍的工厂打暑期工等，尽量避免和养父单独相处。

（7）告诉女孩，每个人成长都可能遭遇不同的挫折。挫折是我们生活的一部分，恋爱、结婚后，对于曾经遭遇养父猥亵的事，需要谨慎考虑是否告诉男友或丈夫。如果男友或丈夫不是通情达理的人，那么这些隐私只属于自己。同时，遭遇猥亵，女孩没有错，不要因此自卑，错的是那些伤害自己的男人。我们没有失去任何东西，也没有失去贞操，今后要开心、自信地生活。

5. 学校开展有关的性教育或性的自我保护讲座

通过这样的事，班主任可以在班上开展有关性教育、性的自我保护、恋爱等相关的讲座，也可以建议学校邀请校外的专家或心理咨询师开展有关讲座等。在学校开展讲座时，尽量不要用本校学生的案例进行分享，可以用其他学校或电视报道的案例或故事。因为如果用本校学生的个案，即使老师用心处理，学生还是非常容易猜出是哪位学生的故事。

【反思和建议】

全面性教育不能等悲剧发生后再进行。考虑到一些家长缺乏对孩子进行性教育的能力，那么学校应主动承担性教育的责任。即使开展一次类似的讲座，也可以帮助到很多学生，避免悲剧的发生。

（1）可以借助社会力量和资源，如联系当地的女童保护公益组织、妇女维权站的公益讲师或心理咨询师开展相关的教育或讲座。

（2）学校虽然以发展性心理健康教育为主，以团体心理辅导为必要补充，但个案心理辅导也不可或缺。针对个别学生的不幸遭遇，学校应进行心理危机干预，关爱每一个学生，因为学校是教育机构，对于每一个学生的健康成长，都是有责任的。

（3）如果有条件可以开设家长学校、家教讲坛，让家庭、学校和社会共同承担性教育的责任。

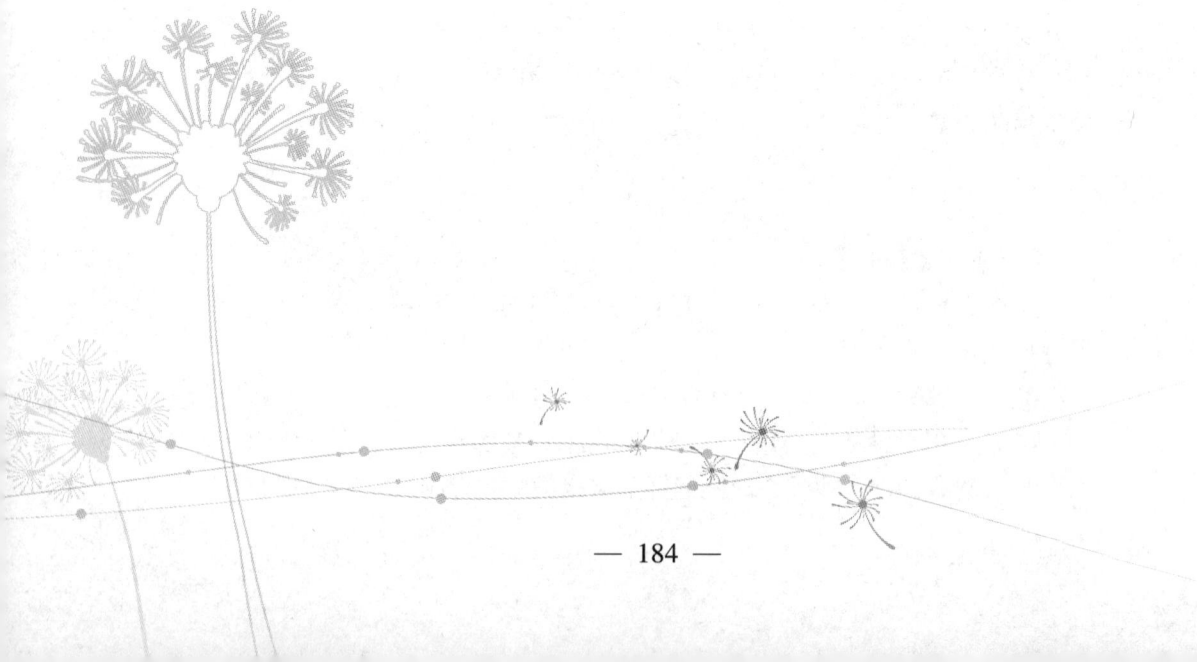

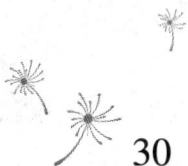

30　遭遇性侵后

12 岁正在读初一的女孩小卉 6 月 6 日被网友性侵。姑姑在其 QQ 聊天记录中发现这一情况后，询问小卉发生了什么事，小卉这才告诉姑姑，她遭遇了性侵。此后，姑姑告诉了小卉的父亲。

父亲得知小卉的遭遇后感到纠结和痛苦，最终他对女儿说，他想报警，问女儿是否愿意？小卉说，随便。于是他们到派出所报案。那个 20 岁男生被抓入狱。此后小卉的父亲认为需要对女儿进行心理辅导。通过妇联介绍，这位父亲找到我，带着小卉到心理咨询室。

【咨询过程还原】

12 岁的小卉身高 1.65 米，比较丰满，长着一张稚嫩的脸，一看就知道是 14 岁以下的幼女。

小卉的父亲告诉我，小卉通过 QQ 认识了那个 20 岁的男生宇飞。宇飞说他是高三复读生。单纯的小卉把什么事情都告诉他。一次小卉父母外出办事，宇飞打电话给她，小卉说她一个人在家，父母晚上才回来，于是同意宇飞到家里玩。

宇飞到小卉家后，强行与其发生性关系，而那天正是 6 月 6 日。6 月 7 日，宇飞参加高考。小卉和宇飞在 QQ 上认识才一个月，这是他们第二次见面。小卉认为宇飞对她很好，知道他不喜欢读书，经常上网，学习成绩很差。

发生这件事后，小卉很伤心和痛苦。她和母亲关系不好，所以她没有告诉母亲，但通过 QQ 告诉了她的同桌小薇。后来是姑姑从小卉的 QQ 聊天记录发现了异常，于是问小卉发生了什么事，小卉这才将她遭遇性侵之事告诉姑姑。姑姑立即将此事告诉小卉父亲，于是，家人在征求小卉的意见后，选择了报案。

【案例分析】

本案例中，宇飞在 QQ 聊天中已经知道小卉只有 12 岁，而且在遭到小卉拒绝的情况下，强行脱了她的衣服并与其发生性关系，构成强奸罪。小卉父亲报案后，派出所根据小卉 QQ 聊天记录以及医院检查证明等，最终将宇飞绳之以法。

在我国，一些女性被强奸后，常常因为受到传统观念的影响而选择不报案，这会让犯罪分子逍遥法外，可能继续伤害其他女性。

我在妇女维权站以及到农村给留守女童开展性教育的过程中，接触了一些女孩遭遇性侵事件，小卉是唯一选择报案的。但如果不是小卉父亲坚持要报案，小卉也不会主动报案。

此外，在一些缺乏性教育的偏远农村，这类通过 QQ 或微信认识网友，见面后遭遇性侵的案例并非个案。一些未满 14 岁的女生，往往以为是与对方在恋爱，于是即使遭遇性侵，也常常自认倒霉，不愿意报案。而这些年幼的女孩，有些虽然因此痛苦，但并不知道性侵对她们意味着什么。真正的伤害往往在她们成年后，当她们恋爱或准备结婚时，受到传统贞操观的影响，她们会因此自卑，甚至影响她们婚姻的幸福。

曾经有些性学专家认为女孩年幼不懂得发生了什么，因此被性侵对她们不会造成伤害，那是错误的观点。大量事实表明，这些女孩 18 岁之后，当她们面临真正的爱情时，常常会回忆起被性侵的往事。如果没有进行及时的心理疏导，这种痛苦甚至会伴随她们一生。因此，对于遭遇性侵的孩子，越早对他们进行心理危机干预，越有利于他们身心健康成长。

【案例处理】

首先，小卉的父亲向我介绍了事情的经过，以及他们如何找到我，并希望我能帮助小卉走出痛苦。

然后，我单独和小卉交谈。小卉告诉我她和宇飞是通过 QQ 认识的。因为离得比较近，所以他们见面了，彼此都有好感，但并没有确定是恋爱关系。发生性侵事件时是他们认识一个月的第二次见面，那天小卉父母外出，宇飞刚好打电话过来，并提出到她家里来玩，小卉也同意了。谁知到家没多久，宇飞就要求发生性关系。小卉不愿意，但宇飞强行脱了她的衣服，强迫她。因为父亲一直教育小卉用心读书，不能和异性恋爱，而她和母亲则关系一直不好，所以，她不愿意告诉他们。但这件事憋在心里让她很痛苦也很伤心，所以她通过 QQ 将此事告诉了同桌小薇，也是她最好的闺蜜。

小卉告诉我，她的女同学因为恋爱发生性关系的不少。因为父母很少和她们沟通，于是很多女同学都通过 QQ、微信等认识异性。有的因此恋爱，有的就是多一个朋友。

我问小卉，学校或家庭是否开展过性教育。她说没有，自己也不懂。小卉说她虽然不缺吃穿，但她很孤独，也很渴望爱情，希望有个男孩对她好。她和宇飞认识后，对他有好感，虽然被侵害，但不恨他。她告诉我，现在还时常会想宇飞，因为他对她很好。

我和小卉沟通时，她一脸茫然。小卉对报案这件事感到很困惑，一方面她讨厌宇飞不尊重她，强行发生性行为；可另一方面，她认为宇飞对她很好，是爱她的，担心报案会伤害他，因为她也喜欢宇飞。

我告诉小卉，一个男人如果爱一个女人，是不会强迫她发生性关系的，而是会尊重她。我国法律规定和 14 岁以下幼年发生性行为，不论是否愿意都是强奸行为。而 20 岁的宇飞是成年人，明知道小卉只有12 岁还与她发生性行为，所以他需要对自己的行为承担责任。

小卉说她不懂这些。发生这样的事，她很伤心，既为宇飞强迫她伤心，也为失去宇飞的爱伤心。我告诉小卉，她渴望爱情很正常，但因为恋爱经验不多，不能鉴别什么是真正的爱。健康的性关系是互相尊重的，宇飞的行为不仅利用了她的无知，不尊重她，而且是违法的。最后，我提醒小卉和异性交往时要学会自我保护，否则，盲目信任他人或和异性单独见面可能给自己带来危险。当然，学校和家庭都需要再给小卉补上性教育一课，因为仅通过一次心理咨询，小卉很难完全明白。

此后，我让小卉父亲一起参与咨询。小卉父亲告诉我，小卉是独生子女，他们非常爱她。他在外打工，一周回家一次，对女儿管教比较严厉，母亲在家带她。物质上他们尽量满足女儿，因为他们相信要富养女儿，不能让女儿为了一点钱和男人跑了。虽然父亲认为女孩要富养，但真正的富养并不仅仅是在物质上满足孩子，而是要从精神上关注孩子。

父亲在做咨询时，反复对小卉说不要和男生恋爱，结婚前不能发生亲密关系等。小卉父亲的想法和很多家长一样，忽视了女孩的情感需求，也无法让女孩把真实的情感告诉父母。

我告诉小卉的父亲，这种传统的守贞教育并不利于孩子的成长，所以希望父亲今后给予小卉情感上的支持，理解青春期女孩有爱的需求，而不是简单粗暴地说"你不要恋爱"。也希望小卉的父亲能学习一些性教育的知识，更好地促进小卉的成长。

青春期的女孩如果和母亲关系比较亲近会更有利于女孩的教育。所以，也希望小卉的母亲今后能和女儿建立良好的关系，希望小卉的父亲回去后和妻子沟通，改善母女关系。如果小卉在家庭得到更多的爱，就不会向外去寻求关爱。

【咨询效果】

小卉未来的成长，还需要家庭和学校的共同努力。特别是小卉的父母，要多学习一些性教育方面的理论，关注孩子的成长。

此事发生后，要尽早对小卉进行心理辅导，这对小卉的健康成长非常重要。因此，小卉的父亲做得不错。虽然小卉暂时不明白父亲为什么选择报案，但我相信小卉未来会感谢父亲为她做的这一切。以后，小卉可以和心理咨询师谈谈她的感受和想法，而不是仅仅只和与她年龄相仿的女孩交流，这对小卉来说，是一次倾诉和探讨问题的机会，可以释放心里的压力，缓解内心的痛苦和不解。

【反思和建议】

全面性教育（Comprehensive Sexuality Education, CSE）是一个基于课程，探讨性的认知、情感、身体和社会层面的意义的教学过程。其目的是使儿童和年轻人具备一定的知识、技能、态度和价值观，从而确保其健康、福祉和尊严。全面性教育培养相互尊重的社会关系和性关系，帮助儿童和年轻人学会思考他们的选择如何影响自身和他人的福祉，并终其一生懂得维护自身权益。而小卉的故事，说明全面性教育的缺失。

　　所以，青春期来临之前，一定要和男孩谈谈性欲满足的合法方式，告诉他们性安全的关键，就是要有充足的性知识和良好的自制力。这既是对别人负责，也是对自己负责。因为，如果他们不能养成对舒服的感觉说"不"的自制力，那么，无论学习多少知识都无法保护他们不受到性病的威胁，更无法保证他们在酒精等作用下，不会做出违背女性意愿的事。而发生性侵事件，会同时伤害两个家庭，男孩也一样是受害者。

　　有些家长错误地认为，男孩和女孩发生性关系，男孩是占了便宜，所以不太过问男孩的性行为。但如果男孩与 14 岁以下女童发生性行为，即使对方自愿，也视为强奸罪。如果违背女性意愿，强行发生性关系，也是不被法律允许的。所以，家长要加强对男孩的性教育，引导他们管理好自己的性能量。通过增强自制力，转换性能量，促进男孩身心健康成长，帮助他们顺利度过青春期。

31 如何面对这样的父亲

　　母亲发现过去非常懂事的女儿晓倩变了，脾气不好，经常发火，对父亲态度非常恶劣，还把父亲过年回家买给她的所有礼物都剪烂扔掉，不再愿意接父亲的电话。晓倩已经一年没叫过"爸爸"了。母亲告诉我，家里有4个孩子，丈夫常年在外打工，只有过年才回家待几天，丈夫是家里的经济支柱。她在老家带4个孩子，现在晓倩花钱大手大脚，完全不顾忌家里的经济条件，而且说她什么就吵架，完全变了一个人，希望我能和晓倩谈谈，帮助她改正缺点。

【咨询过程还原】

　　看着被母亲带来的晓倩一脸怒气站在母亲身边，于是我让母亲先回去，我需要和晓倩单独谈谈。

　　让晓倩坐下后，我坐在她的身边说："妈妈说你是家里的老大，过去非常懂事，很勤俭节约，经常帮妈妈做事，照顾弟弟和妹妹，学习也很用功，成绩很好。到底发生了什么让你现在这么不开心呢？"女孩低着头，双手交叉，沉默了，眼泪流了下来。"告诉我，发生了什么事？我会保密的。"我说。

　　晓倩告诉我父母分居两地，父亲长期在另一个城市打工。去年暑假，父亲提出要她放假过去玩，15岁的她高高兴兴地去了父亲那里。第一天晚上睡在出租屋，她迷迷糊糊地感到有人在她的床边。第二天早上，她告诉父亲，昨晚好像有人到她床边。父亲说出租屋只有她和自己，没有其他人，叫她不要担心。第二天，她锁好了门窗，但还是感觉晚上有人走到床边看她。最终，她被父亲性侵了。回到母亲身边后，她不敢告诉母亲这一切，因为她担心父母离婚后，母亲和弟妹无法生存。她只有 15 岁，最小的弟弟才 5 岁。

她恨父亲，不知道怎么办。她知道父亲很在乎钱，因为家里也没有什么钱，所以她拼命花钱，想以这样的方式报复父亲。她也不想读书，不想在家里住。她想出去打工，但母亲不同意。过年父亲给她买了很多礼物和新衣服，她把那些衣服都剪烂了，扔了。她不想要父亲的任何东西，但也不想告诉母亲。

晓倩告诉我，父母的关系不好，他们总是吵架甚至打架。母亲没有工作，家里靠父亲一个人工作维持着。母亲脾气不好，还经常赌博。如果她将这一切告诉母亲，母亲会和父亲离婚，那 3 个弟弟妹妹怎么办？母亲又怎么办？所以，她只能自己独自承受。

晓倩说，发生这件事后，她特别恨父亲，甚至看到别人谈恋爱也非常讨厌，觉得男人都很讨厌、恶心。现在她晚上很恐惧，经常失眠、做噩梦，不知道怎么办。

【案例分析】

人生有些痛苦无法说出来，尤其是来自亲人的性侵犯。有些人认为只要是性侵案，一定要将罪犯绳之以法。可在我国遭遇性侵的女性常常会受到社会舆论等各方面的压力。如果女孩没有条件离开她所在的地方，那么这种压力可能影响她们今后的生活，甚至包括未来的婚姻。

因此，一方面，如果有条件，要尽早对女孩进行心理辅导，也可以说是危机干预；另一方面，尽量在小范围内处理，减少对女孩的二次伤害。如果母亲有能力处理好，并能保证女孩今后不会再次受到伤害，那么最好由母亲当着孩子的面，对加害者进行惩罚和处理，并要求加害者做出承诺，保证不会再做伤害女孩的事。

如果有条件离开加害者，那么用法律惩罚对方也是最佳的方法，但必须考虑这种方式是否可以将对孩子的伤害降到最低，并有利于孩子未来的健康成长。

但如果母亲没有能力处理，或女孩对母亲不信任，不愿意告诉母亲，那么女孩需要寻找专业人员的帮助。如果加害者是一个自制力很弱或脾气暴戾、凶狠的人，可能对女孩进行再次伤害，那么女孩可以到妇联或妇女维权站寻求法律援助和心理辅导。

【案例处理】

晓情遭遇父亲性侵后不愿意告诉母亲，因此应尊重她的意见，因为并不是所有的母亲都有能力和智慧处理好这件事。

对于这类咨询，首先要做出保密的承诺，再让受害者进行倾叙，因为反复地述说也是一种治疗方法。其次，明确地告诉受害者，她没有任何过错，也不会因此就成为一个没有人要的女孩。她依然是一个正常的女孩，将来可以正常地恋爱、结婚，和其他女孩一样，也值得人爱、值得人们尊重。修复女孩的自信和自尊，这对她非常重要。最后，淡化这件事对未来生活的影响，鼓励女孩过好自己的人生。

这个案例，如果有条件最好能和女孩的父亲交流，让女儿在父亲面前发泄她的愤怒。但目前因为女孩不愿意见到她父亲，也不愿意提供父亲的任何信息，所以无法联系其父亲。此外，女孩的父亲在外打工，也不会前来咨询。我只能让女孩把她内心的愤怒对着宣泄人尽情发泄，把宣泄人当成父亲。

晓情哭够了、累了。之后她说要出去打工，尽量挣钱给母亲和弟弟妹妹，因为她已经无心读书。但她才 15 岁，年龄还小。我告诉晓情，她已经初三，初中毕业后可以考虑读技校，希望她和母亲商量后再做决定。

我也和她探讨了珍惜生命的问题。我问她是否有自杀的念头。晓情说她没有想过自杀，承诺会好好活着，因为弟弟妹妹挺可怜的，她会尽力帮助他们。对于今后和父亲单独相处，晓情说她会多一份防范之心，尽量避免和他见面，这一辈子也不想告诉母亲这件事，不想让母亲为这事痛苦。

我告诉她，在这个世界上，也有其他女性遭遇类似的经历，并讲了一些案例给她听，希望她好好地活着，因为这样才有机会获得美好生活。然后，我和她探讨今后怎么办，包括以后处理恋爱和婚姻时，是否需要将此事告诉对方等。在我国目前的文化氛围下，尽量把此事当成自己的隐私，知道的人越少越好，因为并不是所有人都能理智对待这样的事。

仅一次咨询，我无法提供更多的帮助。我告诉晓情，如果她愿意，今后我可以继续为她做免费咨询。但此后，晓情打电话告诉我，母亲同意她外出打工。初中毕业后，她和村里女孩外出打工了。

【咨询效果】

通过心理辅导，晓倩能把内心的痛苦发泄出来，但由于不能和母亲谈这件事，偶尔还要和父亲见面，晓倩未来还要很多事情需要她独自面对。而且，晓倩很坚定不想读书，决定外出打工，我也无法继续给予咨询。我认为一次咨询并不能取得好的效果，晓倩的心灵修复还需要时间。

【反思和建议】

所有的强奸案都与加害者的道德和人格出现问题有关，因此，在孩子成长过程中，接受全面性教育十分必要。

有人认为强奸犯一定是那些没知识、没文化、没修养、没金钱、没地位的男人。但犯罪行为和受教育程度、个人的经济条件、社会地位没有必然联系，仅仅与个人的思想意识有关。性侵案中的犯罪分子不乏受过高等教育和地位高的人。

如果心理咨询师接触到遭遇性侵的求助者，一定要做好保密工作。不要将具体的细节或家庭情况告诉他人。在讨论或撰写这类案例时，不要对具体细节或家庭情况做过多分析和陈述，同时对家庭情况做必要处理，不要让人对号入座。

保护孩子不受性伤害是社会的责任，希望引起全社会的关注。预防性侵害最有利的方法就是尽早对每个孩子开展全面性教育，提高孩子的自我保护意识。

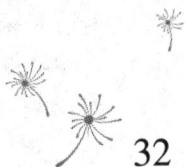

32　门诊室发生的事

17岁的肖良和15岁的女友小烨要分手，因为女友昨天去私人门诊看妇科，回来后告诉他那个男医生好像对她做了不该做的事。他们昨晚为此事大吵起来，并闹着要分手，但又很纠结，想听听心理咨询师的意见，所以前来咨询。

【咨询过程还原】

肖良告诉我，女友小烨是被人领养的，她和奶奶、养父一起生活。养父一条腿残疾，没有结婚，只有她一个养女。奶奶过世后，她和养父生活。养父对她还好，从没有打骂过她。奶奶死后，小烨不想读书了，所以外出打工。肖良说他和小烨是在同一个工厂打工认识的，现在恋爱半年了。

小烨和他发生过几次性关系，因为她总说肚子痛，肖良带她到一家私人门诊看病。那个40多岁的男医生说要给小烨做检查，让肖良在外面等，还告诉他检查会不舒服，小烨可能发出喊叫，叫他在外耐心等待，不要担心。于是，男医生将小烨带到里面房间"做检查"，并将门锁起来。

小烨进去后，肖良在外面等。20多分钟后，肖良听见小烨的喊叫，他认为是医生检查时产生的疼痛，便继续在外面等。一小时后，小烨出来了。

回家后小烨告诉肖良，进去后医生一只手将她的眼睛蒙住，另一只手的手指插向她下身，说她肚子里有不干净的东西，他要把脏东西弄出来。

— 194 —

肖良听了很生气，不知道医生是否性侵了小烨。小烨说医生没睡她身上，因为他们发生关系时是肖良是睡在她身上的，所以不清楚医生做了什么。肖良很气愤，说如果医生做了坏事，他要分手。但小烨说，她也不知道，就当男医生什么也没有做，希望肖良不要生气，也不要分手。

第二天，肖良又来到咨询室。他说小烨让他不要对外人说这些，就当医生什么也没做，他们还在一起。

【案例分析】

我本希望他们报案，不要让其他女孩再受伤害，但肖良说女友不让他再说了。而且他们决定继续在一起，发生这样的"丑事"，不想报案让外人知道。我只能尊重他们的决定。

此个案，肖良第一天单独来咨询时，因为刚和小烨因此事吵架正在气头上闹分手。第二天，两人和好了，所以他们一起过来咨询，告诉我不希望这事让外人知道。我问他们，如果我把这个案例写下来，他们同意吗？他们表示不要暴露真实的名字就行，因为希望其他人不要像他们那么傻。肖良说他今后不会让小烨去私人门诊的男医生那里看病。

【案例处理】

第一次咨询，肖良单独一个人来。他当时只是想向我倾诉，因为他不知道和谁说这件事。他认为男医生性侵了小烨，但又希望事实并非如他所想。

第二天，肖良带着小烨到心理咨询室。他答应继续和小烨在一起，不想再提这件事。我还是提醒肖良，如果真的不想追究这件事，今后不要因此责备小烨。

此外，我单独和小烨谈，提醒她今后要学会自我保护，尽量不要和异性单独相处。即使是熟悉的异性，也要多留个心眼。虽然多数男人是好人，但不能因为对方的职业光环，就认为一定是好人。

此后，我也提醒肖良，如果他们将来能结婚当然最好，但如果分手，也不要用此事伤害小烨。最后，我提醒他们要注意避孕的问题。如果不小心怀孕，要去正规医院处理，或和家人一起协商处理，不要再到没有安全保障的私人诊所去处理。我告诉他们，有的女生因为到私人诊所做流产手术成为植物人，希望他们引起重视。

【咨询效果】

他们两个都是未成年人。女生是一个被领养的孩子，疼爱她的奶奶也过世了，所以从小没得到多少关爱。男生则是初中后辍学打工。他们的自我保护意识都很淡薄，虽然我对他们进行了有关自我保护意识的教育，但今后的路还是要依靠他们自己探索。

【反思和建议】

我将此事写出来，是希望能借此引起青少年的警惕，尤其是到私人门诊看病时，如果遇到仅仅只有一个男医生，要多一点自我保护意识。

肖良带着女友小烨看门诊，而那个男医生却性侵了小烨。小烨被蒙住眼睛，误以为医生是给她治病。希望青少年的父母读了这个发生在私人诊所的案例后，提醒孩子，要提防这样禽兽不如的所谓"医生"，不要让这些幼稚无知的孩子再上当受骗了！

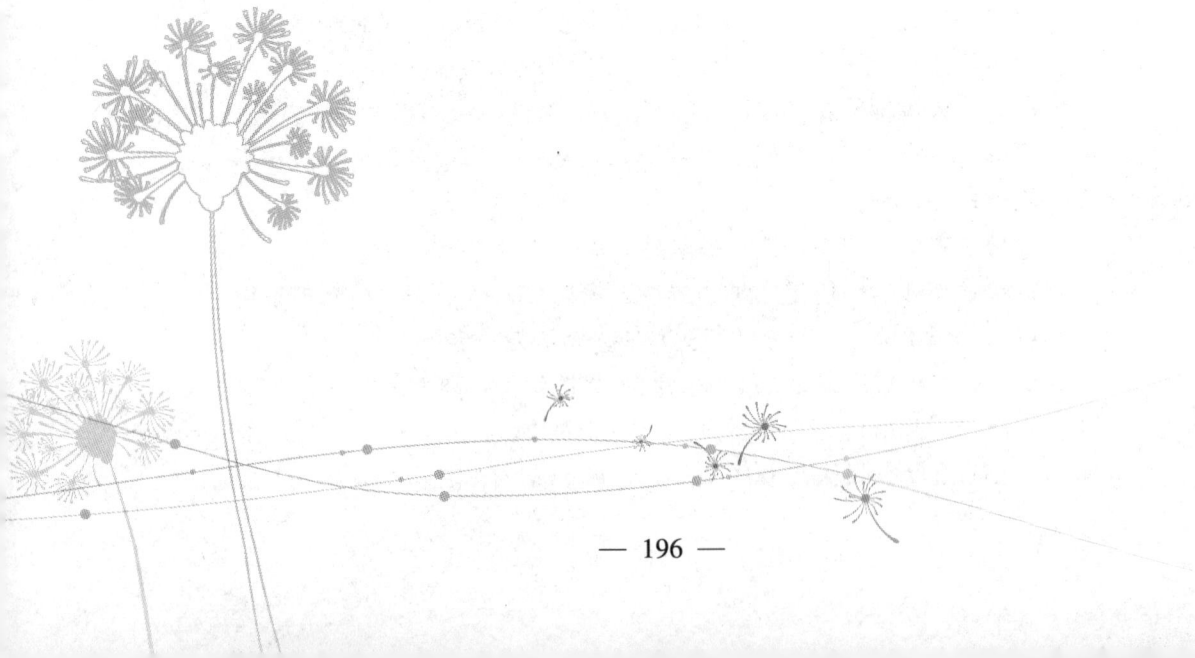

参考文献

1. 季辉. 大学生恋爱与婚姻. 天津：天津大学出版社，2012.

2. 汤清波，王和平. 怎样与孩子谈性. 长沙：湖南科学技术出版社，2002.

3. 戴纽特·沃瑟曼主编. 自杀：一种不必要的死亡. 李鸣等，译. 北京：中国轻工业出版社，2003.

4. 托马斯·乔伊纳. 为什么要自杀. 曹梦，琰潘千，译. 北京：中国致公出版社，2015.

5. 刘晓明，张宝来. 小学生心理健康与心理咨询. 长春：东北师范大学出版社，1999.

6. 中国性学会青少年性健康教育信息中心专家组. 读懂孩子青春期. 北京：人民教育出版社，2001.

7. 刘维良，齐建芳主编. 中小学心理健康教育. 北京：华文出版社，2000.

8. 吴宗宪主编. 青少年不良行为的矫治与防范. 北京：华夏出版社，1994.

9. 黄希庭，郑涌主编. 大学生心理健康与咨询. 北京：高等教育出版社，2000.

10. 刘达临，胡宏霞. 青春期性健康教育读本. 北京：科学技术文献出版社，2004.

11. 麦克维尔. 如何让女孩不被性伤害，如何让男孩不被性教坏. 幸敏，译. 北京：北京联合出版社，2013.

12. 方刚. 中学性教育教案库. 北京：中国人民大学出版社，2015.

13. 周正猷，张载福. 咨询心理学. 南京：东南大学出版社，2007.

14. 关鸿羽. 教育就是培养习惯　养成教育. 北京：新世界出版社，2003.

15. 戴尔·卡耐基. 卡耐基写给女人一生的幸福忠告. 翟文阴，宋小威，译. 北京：中华工商联合出版社，2012.

16. 方刚. 多元的性/别. 济南：山东人民出版社，2012.

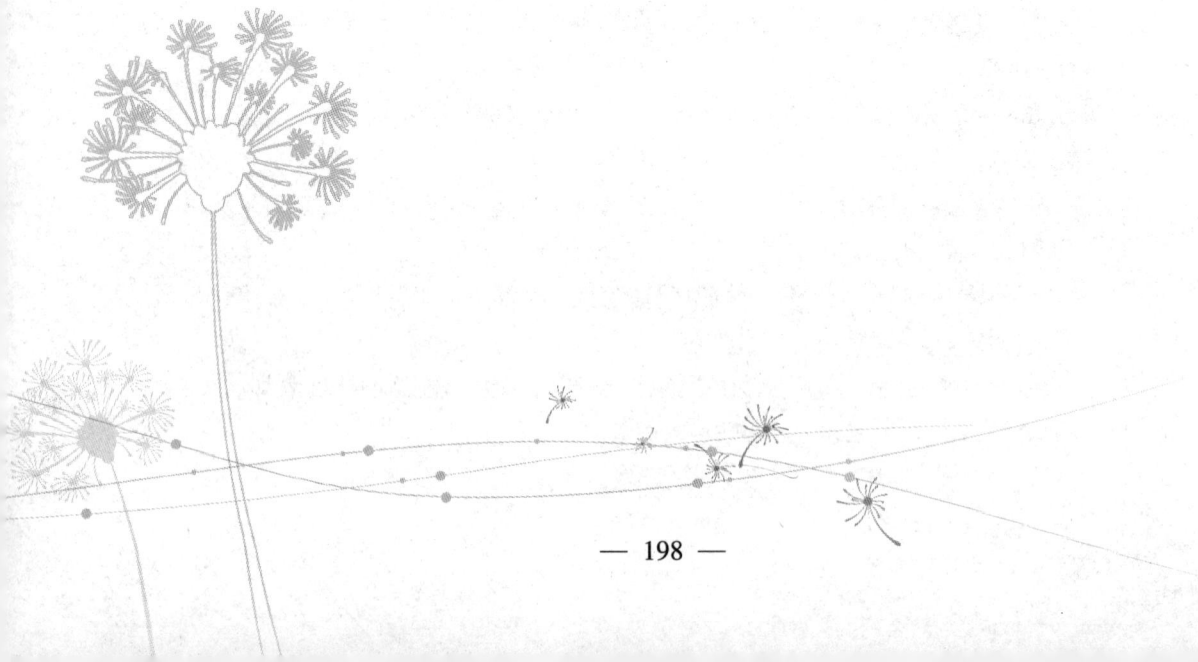

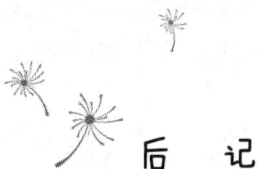

后　记

写完 32 个案例，我的心情有些沉重。作为一名心理咨询师和教育者，我常常思考：为什么求助者会出现这些心理问题和心理困惑？是家庭教育的缺失、学校教育的不到位、社会的不良影响，还是求助者缺乏反省和自我成长的能力？而我们应该如何共同促进青少年身心健康成长？

"上工治未病，中工治欲病，下工治已病"，这句话说明疾病的预防大于治疗，因此，心理疾病要早预防、早发现、早治疗，这将更加有利于青少年身心健康成长。这也需要家庭、学校和社会共同关注青少年的情感需求，培养他们的独立性，而不仅仅以成绩优秀作为衡量学生成功的唯一标准。

龙应台写道："我慢慢地了解到，所谓父女母子一场，只不过意味着，你和他的缘分就是今生今世不断地目送他的背影渐行渐远。你站在小路的这一段，看着他逐渐消失在小路转弯的地方，而且，他用背影默默告诉你：不必追。"这说明培养一个独立性强的孩子对他的成长有多么重要。雅斯贝尔斯在《什么是教育》中写道："教育的本质意味着：一棵树摇动另一棵树，一朵云推动另一朵云，一个灵魂唤醒另一个灵魂。"因此，将青少年培养成为遵纪守法、独立生活、身心健康、修养得体的人是我们培养的终极目标。

透过这些个案，我们在反思的同时，也渴望更多的家长、教育者关注青少年的情感需要，和青少年建立良好的亲子关系，形成有效的沟通模式，促进他们身心健康成长！

本书是我作为主持人负责的 2015 年广东省技工教育和职业培训省

级教学研究立项课题"粤北地区技工院校学生性心理健康教育现状及对策"（KT2015002）的结题成果。全书由我统筹并负责组织和协调调研工作。本书出版得到广东省工业高级技工学校领导和课题组成员的大力支持，学校因此成立了筹备委员会。筹备委员会主任由张廷彩校长担任，副主任为胡汉文、梁意坚、王忠，委员为课题组成员袁仕清、王芳、杨庆和黄学智。

本书的顺利出版，首先要感谢求助者的真诚和信任，其次非常感谢暨南大学出版社苏彩桃、陈俞潼、康蕊等编辑的热情帮助，最后要感谢广东省工业高级技工学校张廷彩校长等学校领导的大力支持和鼓励。本人虽然从事心理咨询工作 15 年，但在心理学的成长道路上还需要不断提升。书中如有不当之处，希望得到读者和有关专家的批评指正！

曾丽华

2018 年 11 月 19 日

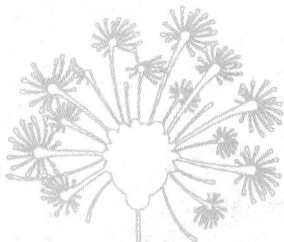